도슨트

서대문
형무소
도슨트

청소년을 위한 근현대사 수업

문재옥 지음

다른

아픈 역사와 마주하기

도슨트는 박물관이나 미술관에서 전시물을 설명하는 사람을 말합니다. 저는 서대문형무소역사관에서 매주 도슨트 자원봉사를 하고 있습니다. 다른 박물관에서도 관람객을 만나고 있지만 서대문형무소역사관은 저에게 그 어느 곳보다 특별합니다. 아마 사명감을 느껴서인 것 같아요. 독립운동은 못 했지만 독립운동가의 이야기를 사람들에게 제대로 전하는 일이 무엇보다 소중하다고 믿기 때문입니다.

형무소는 죄인을 가두는 곳입니다. 그러나 서대문형무소는 조금 특별하지요. 조국의 독립을 위해 일제에 항거한 분들과 우리나라를 좀더 살기 좋은 나라로 만들기 위해 민주화 투쟁을 하던 분들이 많이 수감된 곳이었으니까요. 항일 의병장과 독립군을 비롯한 수많은 순국선열과 애국지사, 독재에 맞서 자유와 민주주의를 위해 투쟁하던 분들이 이곳에서 잔혹한 탄압을 받았습니다.

서대문형무소역사관은 생생한 역사의 현장입니다. 목숨 바쳐 독립운동을 했던 분들이 실제로 얼마나 힘든 길을 걸었는지를 확인할 수 있지요. 서대문형무소역사관은 1908년부터 1987년 서대문형무소가 의왕시로 이전할 때까지 80년간의 뼈아픈 역사를 간직하고 있어요. 인류가 소중한 자유를 얻기 위해 얼마나 끈질긴

투쟁을 했는지 보여 주는 곳이며, 인간의 잔인성을 폭로하고 다시는 이와 같은 일이 생기지 않도록 깨닫게 하는 장소입니다. 우리나라 '역사 교훈 여행'을 대표하는 답사지로서 한국인이라면 꼭 탐방해야 할 장소이기도 해요.

2020년 3월부터 시작된 갑작스러운 코로나19 팬데믹 상황은 생활에 큰 변화를 가져왔습니다. 2021년 초까지 도슨트 활동도 중단되었지요. 그렇다고 시간만 보낼 수는 없었습니다. 저는 서대문형무소역사관을 알리기 위해 해설하던 내용을 책으로 만들어 보기로 했습니다.

내가 정말 책을 쓸 수 있을까 주저할 때마다 용기를 주고 서대문형무소역사관 관련 사진을 촬영해 준 남편의 응원에 힘을 냈습니다. 서대문형무소역사관 관장님과 동료 도슨트 여러분에게 고마운 마음을 전합니다. 서대문형무소역사관의 가치를 올바로 알리는 데 이 책이 디딤돌이 되었으면 좋겠습니다.

서대문형무소역사관에서

문재옥

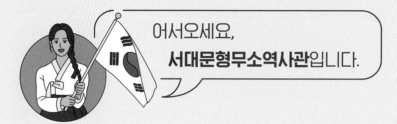

어서오세요,
서대문형무소역사관입니다.

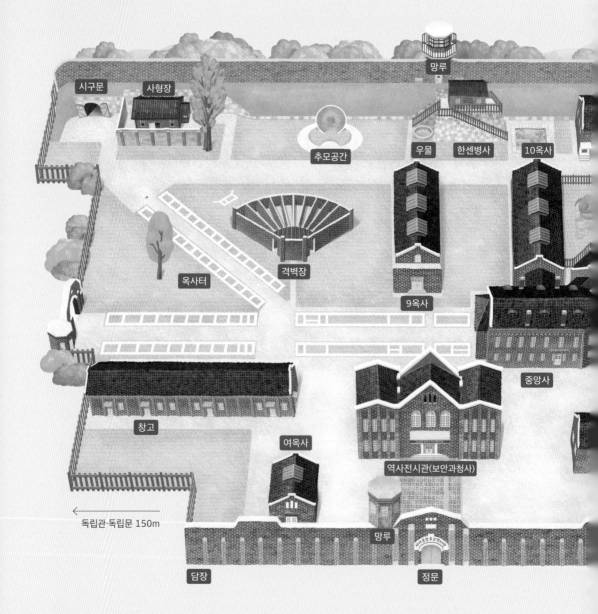

망루

시구문   사형장

추모공간

우물   한센병사   10옥사

옥사터

격벽장

9옥사

중앙사

창고

여옥사

역사전시관(보안과청사)

← 독립관·독립문 150m

담장   망루   정문

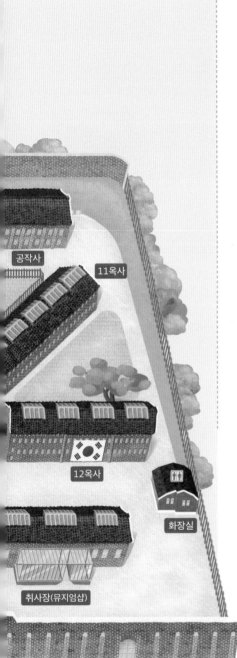

서대문형무소역사관 관람 동선

START
역사전시관(보안과청사)　중앙사　12옥사

한센병사　공작사　11옥사

추모공간　사형장　시구문

여옥사　창고　격벽장

망루와 담장　취사장　독립관·독립문

사진과 함께하는
근현대사 × 서대문형무소 연표

1894.6~11
청일전쟁, 동학농민봉기

1895.8~11
을미사변·단발령 을미의병 촉발

1905. 11
을사늑약(제2차 한일협약)
조선의 외교권 강탈, 을사의병을 가두기 위해
대규모 감옥을 만들기 시작

을사늑약이 무효임을 알리는
고종의 친서

1909. 7
기유각서 대한제국의 사법권과
감옥사무에 관한 업무를 일본에 이양

일제강점기 서대문형무소

1909. 9~10
남한 대토벌 일본군의 의병 말살 작전,
작전 살아남은 의병은 만주와 연해주로
이동해 독립군으로 활동

1894~1895 1905

1876

1907~1909

1910~1912

1876.2
강화도조약
(조일수호조규)

1907. 7
한일신협약 조선 군대 강제 해산,
(정미 7조약) 정미의병 촉발

1908. 1
13도 창의군 독립운동 사상 가장 큰 규모의
서울진공작전 의병운동

1908. 10
서울 서대문구에 서대문형무소의 전신
경성감옥 개소

1910. 8
경술국치 일제강점기 시작

1911. 1
105인 사건 신민회 소탕을 위한
일제의 자작극

1912. 9
서울 마포구에 경성감옥 개소
서대문구에 있던 경성감옥은
서대문감옥으로 명칭 변경

1919. 2
2·8 독립선언서 발표
우리나라 최초의 독립선언서

무오독립선언서

1919. 3
3·1운동

1919. 4
중국 상하이에
대한민국 임시 정부 수립

대한민국 임시 정부 신년 축하식

1923. 1
의열단 의거 김상옥 종로경찰서 폭탄 투척

1923. 5
서대문형무소로 명칭 변경

1920년대 후반 서대문형무소

1924. 1
의열단 의거 김지섭 도쿄 왕궁 폭탄 투척

1919

1920~1921

1923~1924

1926~1927

1920. 6
봉오동 전투 홍범도가 이끈 독립군 연합 부대가
일본군과 싸워 승리

1920. 9
의열단 의거 박재혁 부산경찰서 폭탄 투척

1920. 10
청산리 전투 독립군이 일본군에게 승리한 가장 큰 전투

1921. 9
의열단 의거 김익상 조선총독부 폭탄 투척

1926. 6
6·10
만세운동   제2의 3·1운동

1926. 12
의열단 의거 나석주 동양척식회사
폭탄 투척

1927. 2
신간회 설립 국내 최대 규모의
합법적 민족운동단체

홍범도

의열단

1929.11
광주 학생 항일 운동
민족차별 교육에 반대해 시작된
독립 만세운동

광주 학생
항일 운동 당시
박준채

1932. 4
윤봉길 훙커우 공원 의거

윤봉길

1945. 8
광복

광복을 기뻐하는 사람들

1945. 11
서울형무소로 명칭 변경

1945년 서대문형무소

1948.4
제주 4·3사건
좌우익 대립으로 수만 명의
제주도민 희생

1948.8
대한민국 정부 수립

1948.9
반민족행위처벌법 제정

반민족 행위자 특별 조사 위원회

1948.10
여순 사건
여수와 순천 지역에서 일어난
좌익 군인의 반란

1929~1932

1942

1945

1947~1949

1947. 10
《조선말 큰사전》 간행
1957년 완간

1949. 5
국회 프락치 사건
이승만에 반대하는
독립운동가 출신 정치인을
빨갱이 혐의를 씌워 가둠

1942. 3
〈성서조선〉 사건 기독교계 월간 잡지의 내용을
꼬투리 삼아 폐간

1942. 10
조선어학회 사건 한글을 연구하는 민간단체 회원 검거

1942. 12
단파방송 청취 태평양전쟁에 대한 소식을 청취한
사건 방송인과 민간인 검거

1950. 6
한국전쟁 시작

수많은 희생자를 만든 한국전쟁

1952. 5
부산정치파동 이승만이 무장 경찰을 동원해
국회의원을 납치하고
헌법을 개정해 대통령 연임

1954. 11
사사오입 개헌 이승만의 3선을 위한 정족수 미달의
헌법개정안 불법 통과

1961. 5
5·16 쿠데타

〈**민족일보**〉 **사건**   5·16 쿠데타 정당화, 언론사 길들이기

1961. 12
서울교도소로 명칭 변경

1950~1954

1959~1961

1959. 7
진보당 사건 이승만 정권이 조봉암에게
간첩혐의를 씌워 사형시킨 정치 탄압

1960. 4
4·19혁명   제2공화국 탄생

4·19혁명

1964.6
6·3항쟁
굴욕적 한일국교정상화에 반대

1964년 6·3항쟁

1974.4
민청학련 사건 반유신체제운동을 하던 180여 명 구속

1974.5
2차 인민혁명당 민청학련 배후에 인혁당 재건위가 있다고 발표,
사건 다음 해 4월 8명 사형시킴

1964. 8
인혁당 사건
북한의 지령을 받은 인민혁명당이
한일회담을 반대했다고 발표

1975.11
재일교포 유학생 유신체제에 대한 반감을 누르기 위한
간첩 사건 조작 사건

1964

1967~1972

1974~1976

1979~1980

1967. 7
동베를린 사건 독일과 프랑스 유학생을
간첩혐의로 강제 소환,
서울구치소로 개편

1969. 9
3선 개헌 박정희 정권 연장을 위한 헌법개정

1972. 10
10월 유신 행정·입법·사법을 장악한
대통령 종신 집권을 위한 유신체제

1979. 10
10·26사건 중앙정보부장 김재규가 박정희 살해

박정희 장례식

1979. 12
12·12쿠데타

1980. 5
5·18민주화운동 광주를 중심으로
신군부 퇴진을 요구한 민주화운동

1987. 1
박종철   6월 항쟁의 도화선
고문치사 사건

1987. 4
4·13 호헌조치   민주화 요구를 거부하고
                   대통령 간선제 유지

1987. 6
이한열 최루탄   최루탄을 맞은 이한열 사망
피격 사건

6월 민주항쟁   전두환 정권에 대한 반정부 시위

6·29 민주화선언   대통령 직선제 약속

6월 민주 항쟁 당시 보행로에 쓰인 독재 규탄 문구

1998. 11
서대문형무소 역사관 개관

1987~1988

1998

1987. 11
서울구치소를
경기도 의왕으로 이전

일부 건물만 남기고 철거

1988. 2
10·11·12옥사와 사형장을
사적 324호로 지정

1988. 9
88서울올림픽   대한민국 최초 올림픽

1979년 서대문형무소 주변 풍경

88서울올림픽 개막식

차례

1부 서대문형무소 독립운동과

2부 수감 생활 힘겨운

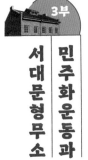

3부

서대문형무소 | 민주화운동과

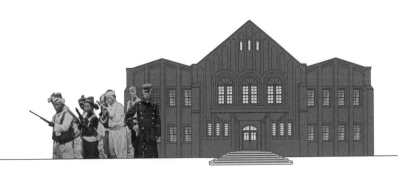

1부 · 독립운동과 서대문형무소

1
민족의 고난과 서대문형무소의 탄생

서대문형무소는 어떤 곳일까요? 이곳은 1908년 일제가 우리 민족의 독립 의지를 꺾기 위해 만든 감옥입니다.[1-1] 일제가 이곳에 형무소*를 만든 이유를 알기 위해 먼저 우리나라 근대사를 간략하게 살펴보겠습니다.

1876년 조선은 일본과 강화도조약을 체결하면서 근대라 불리는 새로운 시대를 맞이했습니다. 하지만 이는 조선에서 원했던 일이 아니었지요. 근대의 출발점이 된 강화도조약은 일본에만 유리한 불평등 조약이었어요. 조선은 항구를 개방해 외국의 문물을 받아들이고 변화를 시도했지만, 청나라의 지나친 간섭과 일본의 침략 야욕으로 너무나 큰 혼란을 겪었습니다.

1894년 청일전쟁과 1904년 러일전쟁에서 승리한 일본은 대한제국을 협박해 1905년 을사늑약을 체결했습니다. 이를 통해 외교권을 빼앗고 침략의 발판으로 통감부를 설치했지요. 대한제국이 독립국의 지위를 잃고 일본의 보호를 받는 나라로 전락한 것입니다. 일본은 여기에서 멈추지 않았어요. 1907년 고종을 강제로 퇴위시켰고 이후 한일신협약정미7조약 체결을 강요했습니다.

군대를 강제로 해산하고 일본인 차관을 임명해 대한제국의 행정
권을 빼앗았고요. 1909년에는 기유각서를 통해 대한제국의 사법
권과 감옥 사무에 관한 모든 권한도 빼앗았고 1910년 6월, 경찰권
위탁 각서를 통해 경찰권까지 강탈했지요. 1910년 8월 29일, 마
침내 일본은 한일병합조약으로 대한제국의 주권을 강제로 넘겨
받았습니다.

역사 더하기⁺ 조선시대 감옥과 벌

조선시대에는 신분에 따라 죄인을 가두는 감옥이 달랐어요. 죄를 지
은 사람이 양반이라면 오늘날 검찰에 해당하는 의금부에서 관리하
는 의금부옥에 가뒀습니다. 평민 이하 죄인은 오늘날의 경찰에 해당
하는 포도청에서 잡았고 좌포옥과 우포옥에 가두었지요. 지방 관아
에도 소규모 감옥이 있었습니다.[1-2]

조선시대에는 태·장·도·유·사 다섯 가지 형벌이 있었어요. 태와 장은
매를 치는 형벌입니다. 태는 길이 1미터, 지름 1센티미터 정도의 가느
다란 회초리였고 장은 태보다 약간 큰 막대였습니다. 도는 일정 기간
지정된 장소에서 일하는 형벌이고, 유는 먼 지방으로 귀양 보내는 것
으로 양반들이 주로 유배형에 처해졌습니다. 사는 사형을 뜻합니다.

그때는 죄인을 감옥에 오래 가두지 않고, 태와 장을 때린 후에 곧장
풀어 주었습니다. 그런 면에서 조선의 감옥은 교도소가 아니라 구치
소라고 할 수 있어요. 죄인을 교도소에 오래 가두는 징역형은 근대
이후에 생긴 벌입니다.

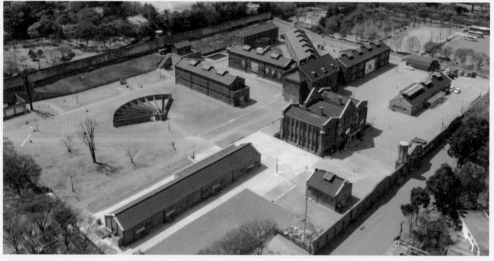

1-1
1908년 서대문형무소의 모습(위)
오늘날 서대문형무소역사관(아래)

1-2
조선시대 포도청에 수감된 죄수에게
음식을 주는 모습

서대문형무소를
왜 만들었을까

500여 년 전 임진왜란이 일어나자 전국 각지에서 의병이 일어나 왜군을 물리쳤답니다. 100여 년 전 일본이 우리나라를 통째로 삼키려고 했을 때도 전국 각지에서 의병이 일어났어요. 1905년 을사늑약 체결에 반발하며 전국에서 의병이 일어나자, 일본은 대한제국을 식민지로 삼는 데 걸림돌이 되는 의병을 잡아 가둘 대규모 감옥을 만들기 시작했습니다. 일본에 저항하면 무서운 감옥에 갇힌다는 것을 보여 준 거예요. 한국인들이 두려움과 복종심을 갖도록 유도했다고 할 수 있지요.

그렇게 1907년 8월 경성감옥이 완성되었습니다. 경성감옥은 서대문형무소의 첫 번째 이름입니다. 하지만 고종이 강제 퇴위하면서 순종이 즉위하고 전국에서 의병이 일어나는 등 상황이 혼란해지자, 경성감옥은 다음 해인 1908년 10월 19일에 비로소 문을 열었습니다.

1908년 당시 전국에 있던 8개 감옥의 면적을 다 합쳐도 1,000제곱미터에 불과했어요. 그런데 새로 지은 경성감옥의 수용시설은 1,600제곱미터에 달했습니다. 전국에 있는 모든 감옥을 합친 것보다 월등히 컸던 것이지요. 500명을 가둘 수 있게 만들어졌지만 실제로는 그보다 훨씬 많은 사람이 수감되었습니다. 1937년 기준으로 서대문형무소의 총면적은 5만 5,000제곱미터, 수용 인원은 2,500명, 운영 인력은 343명이었습니다. 일제강점기 내내 전국 최대 규모의 감옥이었지요. 서대문형무소역사전시관 1층에는 1937년 당시 모형이 있습니다. 약 20년 만에 감옥을 처음 열었을 때보다 30배 이상 커졌음을 확인할 수 있어요. 이후에도 일제는 계속 감옥을 늘려 갔고, 1936년 기준으로 전국에는 28개 감옥이 있었습니다.

요즘도 일본은 한국의 발전을 위해 한일병합을 했다고 주장합니다. 이상한 일이지요? 한일병합이 한국에 좋은 일이었다면 그렇게 크고 많은 감옥이 필요했을까요? 서대문형무소는 일본의 선전이 거짓임을 말해 주고 있습니다.

감옥을 움켜쥐는 명분이 된
기유각서

서대문형무소 역사에서 기유각서는 매우 중요합니다. 일본이 우리 땅에 일본을 위한 감옥을 운영하기 위해 1909년 7월 12일 대한제국을 협박해서 얻은 외교 문서이기 때문입니다.[1-3] 사법과 감옥에 관한 모든 경비를 일제가 부담하며, 이는 한국의 사법과 감옥 사무가 완전히 갖춰질 때까지 위탁받은 것이라는 내용이 담겨 있습니다. 언뜻 보면 일제가 대한제국을 돕는 것처럼 보이지요. 하지만 각서에 따르면 재판소와 감옥의 관리는 일본인이고 한국인은 지휘명령을 받거나 보조만 할 수 있습니다. 대한제국의 감옥이 일본을 위한 감옥이 되어 버린 것입니다.

공정하지 않은
사법제도

일본은 대한제국의 사법권을 빼앗고 1909년 통감부 재판소를 설치했어요. 이곳에서 일본인 판사가 한국인의 죄를 판결했습니다. 조국을 위해 자신을 희생한 의병과 독립군이 일본인 판사에 의해 죄인이 된 것이지요.

이때부터 재판소, 판사, 검사, 변호사 등의 법률 용어가 등장했고 감옥의 시설과 규모, 역할도 달라졌습니다. 일본의 사법제도가 서양의 근대 사법제도를 본떠 만들었기 때문에 겉으로는 발전한 것처럼 보입니다. 하지만 일본인 판사는 언제나 일본의 이익을 위해 판결했으며 한국인과 일본인을 차별했습니다. 법 집행 과정은 공정하지 않았고, 모든 사람이 태어나면서부터 당연히 가지는 기본 권리인 인권은 전혀 보호되지 않았어요. 사법부는 총독부의 하부 기관에 불과했기 때문입니다.

공포의 상징,
망루

서대문형무소는 독립문이 내려다보이는 곳에 있어요. 독립문은 1897년 독립협회가 명나라와 청나라의 사신을 맞이하던 영은문을 부수고 그 자리에 세운 것입니다. 조선이 더 이상 청나라의 간섭을 받지 않는 독립국임을 드러내기 위해 만들었지요. 영은문 옆에는 명과 청의 사신이 조선을 방문하면 조선의 왕이 직접 나와서 맞이하던 모화관이 있었습니다.

 **감옥의 종류**

유치장 경찰서 안에 있는 시설로, 체포된 피의자^{범죄 행위 의심자}나 가벼운 범죄자를 가두기 위한 시설입니다. 경찰 조사를 받으며 갇혀 있는 기간은 대체로 1~2주 정도입니다.

구치소 법원에서 판결이 확정되기 전까지의 피의자를 가두는 시설입니다. 재판이 길어지면 구치소에 갇혀 있는 기간이 길어지지요. 무죄 또는 집행유예로 풀려나거나 형이 확정되어 교도소로 옮겨질 때까지 구치소에 머물게 됩니다. 다만 사형수는 교도소에 가지 않고 구치소에서 대기하다가 사형됩니다.

구치감 피의자가 수사나 재판을 받기 전에 법원이나 경찰서 안에서 임시로 수용하는 시설입니다. 일제강점기에는 서대문형무소 안에 구치감을 크게 두어 사상범을 오래 가두었지요.

교도소 형이 확정된 사람들을 수용하는 시설입니다.

과정	경찰 조사	검찰 조사	1심 판결 후 형 확정	재심 청구
수감 장소	유치장	구치소 (구치감)	교도소 (형무소)	구치소

그런데 일본은 굳이 모화관이 있던 자리에 서대문형무소를 만들었습니다. 조선이 섬겨야 할 나라가 청나라에서 일본으로 바뀌었다는 뜻이었죠. 일본은 '독립'이라는 글자가 뚜렷하게 쓰인 독립문을 헐지 않고 그냥 놔두었어요. 조선의 독립이 허울뿐임을 알리고 일본이 청나라보다 더 강하고 무서운 존재임을 과시하기 위해 독립문 옆에 서대문형무소를 만든 거예요. 한국인이 살길은 일본에 충성하는 것이며, 저항하면 저기 보이는 감옥에 갇힐 것이라고 위협한 것이지요.

서대문형무소역사관에 들어올 때 입구 옆에 높이 솟은 망루를 보셨나요?[1-4] 눈치챘겠지만 망루는 사람들을 감시하기 위한 시설입니다. 일제강점기에는 총 6개가 있었지만, 현재는 입구와 한센병동 뒤에 하나씩 2개가 남아 있어요. 지금은 주변에 높은 건물이 많아서 별것 아니라고 생각되지만 100여 년 전 우리 조상들에게 망루는 공포의 상징이었습니다. 형무소에 잡혀 들어가면 간수들이 높은 망루에서 지켜볼 테니 탈옥을 꿈꿀 수 없었겠지요. 형무소 주변에는 인왕산과 안산이 있고 무악재 고개도 있었습니다. 설령 탈옥에 성공하더라도 산과 고개를 넘어 멀리 도망치기 쉽지 않은 곳이었어요.

일제강점기에도 강도, 살인범, 도둑 등 온갖 나쁜 죄를 지은 자들이 있었고, 이들도 서대문형무소에 수감되었습니다. 하지만 서대문형무소가 한국인의 독립 의지를 꺾기 위해 만든 식민 지배의 도구라는 기본 성격은 달라지지 않지요. 게다가 일제는 선량한 한국인까지 마구잡이로 붙잡아 가두고 악랄하게 고문했어요. 서

1-3
기유각서

1-4
서대문형무소 입구에서 보이는 망루

대문형무소는 한국인의 인권이 처참하게 짓밟힌 잔혹한 공간이 었습니다.

반쪽만 남은
역사의 현장

1912년 마포형무소(안양교도소의 이전 이름)가 경성감옥이라는 이름으로 세워졌습니다. 지금 우리가 살펴보고 있는 서대문형무소는 경성감옥에서 서대문감옥으로 이름이 바뀌었어요. 1923년 5월 5일에는 서대문형무소로 바뀌었고 1987년 의왕시로 이전하기 전까지 몇 차례 이름이 달라졌지요. 하지만 가장 널리 알려진 이름은 서대문형무소입니다. 감옥이었던 이곳이 언제 어떻게 역사관으로 만들어졌을까요?

서대문형무소는 1967년 서울구치소라는 이름을 얻으며 쓰임새가 달라집니다. 그러다가 1986년, 88서울올림픽 개최를 앞둔 서울시는 구치소가 도시 한복판에 있는 것이 적절치 않다고 판단했어요. 1987년 11월 15일 서울구치소는 경기도 의왕시로 옮겨졌습니다. 직원들과 수감자들은 새로 만든 의왕시 서울구치소로 옮겨 갔지만, 건물은 그대로 남아 있었지요. 그런데 서울시가 어두운 역사를 지우겠다면서 형무소 건물을 철거하기 시작했습니다. 이를 막기 위해 서대문구와 독립운동가의 후손, 역사학자, 시민운동가 들이 여러 노력을 기울였습니다. 역사의 교훈을 되새기는 현장을 지키기 위해서였지요. 결국 15개 옥사 가운데 9·10·11·12·13옥사공작사와 중앙사, 한센병동의 철거를 막을 수 있었습니다.

그리고 이듬해인 1988년 10·11·12옥사와 사형장이 사적 324호로 지정되었습니다. 이와 함께 서대문형무소 옥사가 일제 강점기 때의 모습으로 복원되었지요. 안타깝게도 1945년부터 1987년까지, 해방 후 42년간의 흔적은 지워졌습니다.

1987년 공사를 시작해 1992년 8월 15일 서대문독립공원이 세워졌습니다. 1995년에는 서대문형무소의 망루와 시구문을 복원했지요. 1998년 11월 5일 마침내 서대문형무소역사관으로 재탄생했습니다. 본래 모습의 반쪽뿐이지만, 역사의 기억을 다음 세대에 전하게 되어 참으로 다행입니다.

2
용감한 의병들의 순국

13도 창의군의
서울진공작전

이제 서대문형무소역사전시관 2층으로 가 볼까요? 이곳은 일제에 의해 수감된 분들을 소개하고 있습니다. 이분들의 이야기가 곧 독립운동의 역사라고 할 수 있지요.

제일 먼저 '전국 의병전쟁 거의도'가 눈에 띕니다.[1-5] 의병은 외세의 침략에 대항해 자발적으로 무기를 들고 대항한 사람들을 말하지요. 거의도는 전국 의병 활동을 보여 주는 지도입니다.

개항 이후 크게 3차에 걸쳐 의병 활동이 일어납니다. 1차는 을미의병입니다. 1895년 민씨 왕후가 죽임당한 사건을미사변과 머리를 짧게 자르라는 **단발령***을 계기로 일어났지요. 2차는 1905년 일본이 조선의 외교권을 강제로 빼앗은 을사늑약에 저항해 일어났습니다. 을사의병이라고 불러요. 3차는 한일신협약정미7조약과 군대 강제 해산을 계기로 1907년 일어난 정미의병입니다. 전국 의병전쟁 거의도는 정미의병의 상황을 보여 줍니다. 이때 전국에서 일어난 의병들은 이인영을 13도 창의군 대장으로 세우고, 일본을 몰아내기 위해 서울로 진격합니다. 총대장 이인영은 진격에 앞서

1908년 1월 각국 공관에 의병 부대를 국제공법*에 따라 전쟁 단체로 인정해 줄 것을 요구하는 글을 보냈습니다. 일본의 불법 침략을 세계에 널리 알리기 위해서였지요.

13도 창의군의 선발대는 동대문 밖 30리 지점인 망우리까지 나아갔어요. 하지만 선발대는 여러 전투를 치르면서 지쳐 있었고 보급품도 부족했습니다. 의병들의 무기는 성능이 떨어지는 구식 총인 화승총이 대부분이었고요. 반면 일본군은 최신 무기였던 영국제 스나이더총과 한 번에 수백 발을 발사할 수 있는 개틀링 기관총을 갖고 있었습니다. 게다가 조직, 군사훈련, 명령체계, 전술 등에서도 13도 창의군에 비해 상당히 앞섰지요. 결국 13도 창의군 선발대는 진격 소식을 미리 알고 철저히 대비한 일본군에게 참패를 당하고 말았습니다. 소식을 들은 다른 의병 부대들도 뿔뿔이 흩어졌지요.

전국적인 의병 활동에 일본군은 크게 놀랐습니다. 그래서 1909년 9월부터 두 달에 걸쳐 전라남도 일대의 의병을 진압하기 위해 초토화 작전을 펼쳤지요. 일본군은 조선인의 재물을 빼앗고, 수많은 백성을 학살했습니다. 이에 의병들은 한반도를 떠나 만주와 연해주로 이동해 활동할 수밖에 없었어요. 한일병합 후 의병들은 독립군으로서 활동을 이어갔습니다.

◆ 역사 키워드

단발령

유교에서는 '신체발부 수지부모(身體髮膚受之父母)'라 합니다. 머리카락부터 피부까지 부모님께 물려받은 몸을 소중히 여기는 것이 효도의 시작이라는 뜻이지요. 그래서 조선의 남성들은 머리를 자르지 않고 상투를 틀었답니다.
그런데 머리를 짧게 깎으라는 명령이 떨어진 거예요. 게다가 단발령을 주도한 세력이 일본과 가까운 사람들이었기 때문에 반발심이 더욱 컸습니다.

국제공법

국가와 국가 사이의 권리와 의무에 대해 규정한 국제사회의 법입니다. 만국공법 또는 국제법이라고도 합니다.

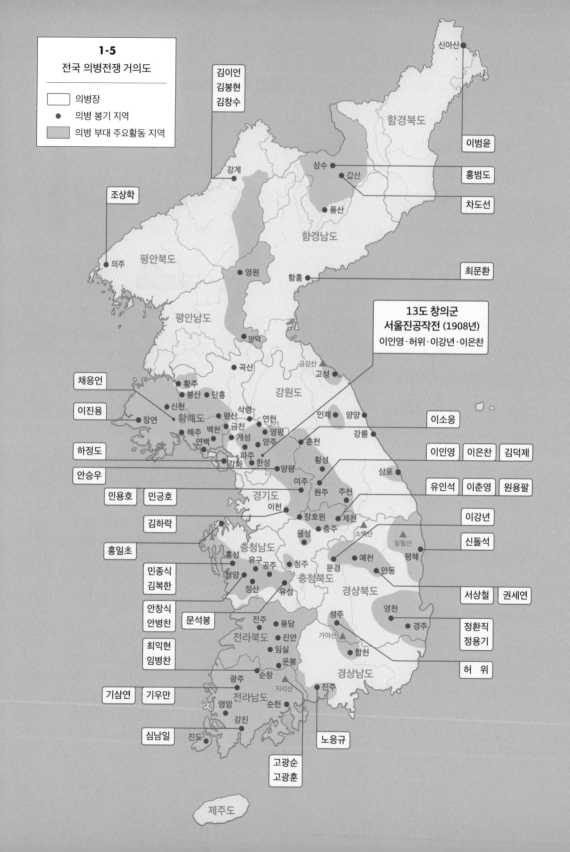

1-5
전국 의병전쟁 거의도

의병장
● 의병 봉기 지역
의병 부대 주요활동 지역

김이언
김봉현
김창수

조상학

신아산

함경북도

이범윤

삼수
강계
갑산

홍범도

차도선

풍산

함경남도

의주
평안북도

영원

함흥

최문환

평안남도

양덕

13도 창의군
서울진공작전 (1908년)
이인영·허위·이강년·이은찬

채응언
이진용
하정도
안승우

곡산
금강산
고성

강원도

황주
봉산 단흥
신천
황해도 평산 삭령 연천
장연 해주 백천 금천 영평
연백 개성 양주
파주 춘천
강화 한성 양평
여주 횡성

인제 양양

강릉

삼포

이소응

이인영 이은찬 김덕제

유인석 이춘영 원용팔

민용호 민긍호

경기도
이천
원주 주천

이강년

김하락

장호원 제천
음성 충주

신돌석

홍일초

충청남도
홍성
유구
청양 공주 청주

소백산
일월산

예천
문경
안동
평해

민종식
김복한

정산

유성

문석봉

안창식
안병찬

전주 용담
전라북도 진안

성주

서상철 권세연

영천
경주

정환직
정용기

최익현
임병찬

임실
운봉

가야산

합천

허 위

기삼연 기우만

광주 순창
영암
전라남도 순천
강진

심남일 진도

지리산

진주

노응규

고광순
고광훈

경상남도

제주도

나라를 위해
목숨을 바치다

압도적인 무력의 일본군을 상대로 맞서 싸운 의병들은 진정 용감하고 의로운 분들입니다. 그런데 일본이 우리의 사법권을 빼앗아 버린 후, 애국 활동이 범죄로 처벌받는 황당한 상황이 벌어졌습니다. 거짓이 참이 되고, 참이 거짓이 되는 세상이 만들어진 것이지요.

나라를 위해 목숨을 바친 일을 '순국'이라고 합니다. 서대문형무소에 가장 먼저 갇히고 순국하신 분들은 허위, 이강년, 이인영 등 13도 창의군 115명이었습니다. 일본인 재판관은 이들 가운데 58명에게 사형을 선고했고, 남은 분들에게도 5년 이상의 아주 무거운 형벌을 선고했어요. 그중 6명은 감옥 안에서 스스로 목숨을 끊거나 잔혹한 고문을 받고 세상을 떠났습니다. 나라를 위해 목숨을 바친 의병이 서대문형무소의 첫 사형수가 되었다는 사실은 우리 역사의 비극입니다. 의병을 시작으로 수많은 독립운동가가 일제에 의해 서대문형무소에 와서 온갖 괴로움을 겪었고, 고귀한 목숨을 잃었습니다.

이들 가운데 우리가 꼭 기억해야 할 의병장 몇 분을 소개하려고 합니다.

① 허위

서대문형무소의 1호 사형수는 13도 창의군 군사장이었던 허위였습니다. 그는 서울진공작전 도중 총대장 이인영이 부친상을 당해 고향으로 돌아가자, 이인영을 대신해 창의군을 지휘했습니다. 동대문 밖 전투에서 패한 허위는 다시 의병을 모아 제2차 서울진공작전을 준비하다가 1908년 6월 11일 일본 헌병대의 급습을 받아 체포당했습니다. 허위는 일본 헌병대에게 이렇게 말했습니다.

"한국의 부흥을 꾀하는 이유는 결코 한국인만을 위함이 아니다. 동양 평화에 입각해서이다. 만일 일본이 한국을 병탄한다면 중국은 필히 일본을 능멸할 것이어서 중일 양국의 사이는 원만치 못할 것이니 어떻게 동양 평화를 유지하겠는가. 내가 오늘 잡혀가는 욕을 당한다고 해서 조금도 슬프지 않다."

허위는 자신의 의병 투쟁이 동양의 평화를 위한 것이라고 당당하게 밝히고, 1908년 10월 21일 서대문형무소에서 순국했습니다.

② **이강년**

이강년은 원래 왕을 경호하는 무관이었어요. 그는 충청도에서 의병을 일으켜 13도 창의군 호서창의대장으로 활약했습니다. 이강년의 부대는 가평, 인제, 양양 등에서 일본군을 상대로 거듭 승리를 거두었지요. 하지만 충청도 청풍 전투에서 일본군의 기습을 받아 체포되고 말았습니다. 이강년은 1908년 7월 8일 일본군

수십 명에게 포박되어 인력거에 실린 채 서울에 있는 일본 헌병사령부로 압송되었습니다. 그 후 서대문형무소에서 사형이 집행되어 순국했습니다.

③ 이인영

명성 높은 유학자였던 이인영은 1907년 전국 8도에 의병을 모집하는 글인 격문을 보냈습니다. 그의 글에 호응하여 경기도 양주에 모여든 전국 연합 의병 부대가 총 48진, 1만여 명에 달했지요. 여기서 이인영은 13도 창의대장으로 추대되었어요. 그 후 서울진공작전을 전개해 1907년 10월부터 1908년 초까지 일본군과 수십 차례 격전을 치렀습니다.

그러나 1908년 1월 28일, 서울로 진격하던 중 아버지의 사망 소식을 듣게 되지요. 이인영은 군사장 허위에게 뒷일을 맡긴 뒤 고향으로 돌아가 아버지의 상을 치렀습니다. 오늘날의 관점에서 보면 아쉬움이 느껴지지만 부모에 대한 효를 국가에 대한 충성보다 중요하게 여겼던 당시 유학자의 입장에서도 생각해 볼 문제입니다. 그 후 이인영은 다시 의병 전쟁을 준비하다가 1909년 6월 7일 일본 헌병에게 체포되어 순국했습니다.

④ 이은찬

이은찬은 강원도 원주의 의병장입니다. 1907년 대한제국 장교 민긍호가 300명을 이끌고 자신의 의병 부대에 합류하게 되자 2,000명으로 커진 의병 부대의 지휘를 이인영에게 부탁합니다.

그는 13도 창의군 조직에 앞장섰어요. 서울진공작전이 실패로 돌아간 후에도 양주로 후퇴하여 1909년 3월까지 경기도와 황해도 일대에서 계속 전투를 치렀습니다. 국내 의병 활동이 실패한 뒤에는 북간도로 이주해 그곳에서 군사를 양성하며 일본군과 맞서 싸울 계획을 세웠지요. 그러던 중 밀정의 밀고로 북간도로 떠나기 전 용산역에서 체포되었습니다. 이은찬은 1909년 6월 27일 서대문형무소에서 사형이 집행되어 세상을 떠나고 말았습니다.

평민 의병장의
활약

조선시대는 양반이 지배하던 사회였어요. 그래서 대부분의 의병장이 양반이었지요. 하지만 평민 가운데서도 강한 지도력과 행동력을 갖춰 의병장이 된 사람들이 있었습니다. 태백산 호랑이로 유명한 신돌석과 봉오동 전투를 승리로 이끈 홍범도가 대표입니다.

① 신돌석

신돌석은 18세가 되던 1896년 경상도 영덕에서 처음으로 의병을 일으켜 일본군과 싸웠습니다. 1905년에도 의병을 일으켜 일본 선박을 여러 척 격침하고 울진, 평해, 원주 등 강원도와 경상북도 일대에서 크게 활약했지요. 일본군도 두려워하는 의병이었어요. 신돌석은 1907년 13도 창의군이 결성되었을 때 영남을 담당하는 교남창의대장으로 뽑혔습니다. 하지만 일본이 그의 목숨값으로 내놓은 현상금을 노린 자들이 있었습니다. 결국 1908년 겨울, 안타깝게도 영덕에서 살해되고 맙니다.

② 홍범도

1920년 6월 간도에서 벌어진 봉오동 전투를 아시나요? 한국 독립군 연합부대가 일본군 19사단 추격대대를 무찌르고 크게 승리한 전투였어요. 승리의 주역은 대한독립군의 홍범도 장군이었습니다. 그는 1907년 의병을 일으켰던 평민 의병장이기도 했습니다. 독립군의 뿌리가 의병에 있었음을 보여 주는 인물이지요. 그는 1920년 10월 일본군을 격퇴한 또 하나의 큰 승리인 청산리 전투에서도 김좌진 장군과 함께 크게 활약했습니다.

홍범도는 청산리 전투 이후 일제의 추격을 피해 러시아 연해주로 이동했어요. 러시아에서 활동하던 그는 1937년 스탈린의 한인 강제 이주 정책에 의해 중앙아시아 카자흐스탄으로 강제 이주를 당합니다. 그곳에서 홍범도는 불운한 삶을 살았다고 해요. 결국 1942년 극장 경비 일을 하다가 삶을 마감합니다. 정부의 오랜 노력으로 2021년 8월 15일 광복절에 홍범도의 유해가 대한민국으로 돌아왔고, 대전 현충원에 안장되었습니다.

③ 소년병

서대문형무소역사전시관 2층에서는 역사 교과서에 자주 등장하는 의병 사진을 볼 수 있습니다.[1-6] 2018년에 방영되었던 TV 드라마 〈미스터 션샤인〉에서도 이 사진을 연상하게 하는 장면

이 나왔었지요. 사진을 찍은 사람은 미국 〈데일리메일〉 신문 기자로 활동한 영국인 프레더릭 아서 매켄지입니다. 그는 러일전쟁을 취재하기 위해 한국에 왔다가 의병에 관심을 갖게 되었습니다. 매켄지는 일본의 방해를 무릅쓰고 충주, 제천, 양평 지역을 돌아다니며 의병과 인터뷰하고 사진도 찍었습니다.

[1-6] 사진은 양평 부근에서 찍은 것입니다. 사진 속 몇 사람은 14~16세를 넘지 않았다고 합니다.

"물론 우리가 죽을 것을 압니다. 하지만 일본의 노예로
사느니 자유민으로 죽는 게 낫습니다."

남의 노예로 살기보다 차라리 죽음을 택하겠다는 의병들, 그들의 굳은 의지가 있었기에 우리나라가 독립할 수 있었습니다.

일제의 앞잡이 헌병경찰

일제강점기에 한국인이 가장 무서워한 존재는 경찰이었습니다.[1-7]
군대 경찰인 헌병경찰은 더욱 무서웠어요. 일제강점기 초기에는 헌
병경찰이 약 2,000명, 일반 경찰은 약 5,700명이었습니다. 하지만
곧 헌병경찰이 약 1만 4,000명으로 늘어나 일반 경찰의 두 배 이상
이 되었지요. 군대가 일반인의 삶을 통제하는 헌병경찰 제도는 3·1
운동 이후 폐지되었지만, 이름만 보통경찰로 달라지고 제복만 바뀌
었을 뿐이었어요. 1920년대부터는 경찰의 수가 약 2만 명으로 크
게 늘어났습니다.

일제강점기 때의 경찰은 도둑과 강도 등을 잡는 경찰 본연의 임무
만이 아니라 세금 걷기, 호구 조사 등 행정 업무도 맡았습니다. 일제
의 앞잡이로서 독립운동가를 탄압했고 즉결 심판권, 태형 시행권을
쓸 수 있었어요. 그뿐만 아니라 죄를 지은 것으로 의심되는 사람을
부르거나 잡아 두고 집을 수색할 수 있는 강제 처분권까지 갖고 있
었습니다. 검찰, 판사 역할까지 했던 것이지요.

1-6
매켄지가 촬영한 소년 의병들

1-7
거리에 기관총을 설치하는 일본 헌병

3
총칼을 앞세운 무단통치

일제가 두려워 한
신민회

1910년 8월 29일 대한제국이 멸망하고 일제 강점기가 시작되었습니다. 이에 조국의 독립을 되찾으려는 움직임이 전국에서 일어났지요. 1910년 무렵 국내에서 활동한 독립운동 단체 중에 가장 중요한 조직은 신민회였습니다. 신민회는 전국적 규모를 갖춘 비밀 단체였어요. 1907년 서울에서 안창호, 양기탁, 이동휘, 이동녕 등 일곱 명이 중심이 되어 이승훈, 이시영, 이회영, 이상재, 신채호, 박은식, 김구 등과 함께 조직했습니다. 신민회는 독립된 나라를 건설하기 위해 교육 활동, 계몽 강연, 출판 운동, 민족 산업 진흥 운동, 청년 운동을 했답니다. 특히 이회영, 이시영, 이동녕, 이상룡 등은 압록강 건너 서간도에 동포들을 이주시켜 삼원보라는 기지를 세우고 신흥강습소를 만들었지요. 신흥강습소는 신흥무관학교로 발전하여 약 3,500명의 독립군을 배출합니다. 신민회의 적극적인 활동에 일제는 위협을 느꼈고, 급기야 신민회를 없애기 위한 모략을 꾸미지요. 바로 '105인 사건'입니다.

신민회 소탕을 위한
일제의 자작극

1910년 11월 독립군 양성을 위한 자금을 모으던 안명근이 평양역에서 체포되었어요. 일제는 안명근이 신민회 황해도 지회 간부들의 지시에 따랐다고 주장하며 김구를 포함해 황해도 일대에서 활동하던 160명을 체포했지요. 안명근은 무기징역, 김구는 징역 15년을 선고받습니다. 이 사건을 안악 사건이라 합니다.

신민회 관련 정보를 입수한 일제는 신민회를 소탕하기 위해 자작극을 벌입니다. 이승훈, 안태국 등의 신민회 회원들이 조선 총독 데라우치 마사타케를 암살하려 했다고 꾸며 낸 뒤 신민회의 중심인물 700여 명을 검거한 거예요. 일제는 이들에게 온갖 고문을 하며 거짓 자백을 강요합니다. 이때 고문으로 2명이 사망했고 많은 사람이 불구가 되었습니다. 처음 재판에 넘어간 123명 가운데 105명이 실형을 선고받았고요. 이 사건을 105인 사건이라고 부릅니다. 105인 사건은 서북 지방에서 일어났지만 재판이 경성서울에서 진행되었기 때문에 105명 모두 서대문형무소에 갇혔고 재판을 기다리면서 고통을 당해야 했어요. 하지만 일제의 사건 조작이 엉터리였기에 1913년 7월 105명 가운데 99명이 무죄로 석방됩니다. 윤치호, 양기탁, 안태국, 이승훈, 임치정, 옥관빈 6명만 징역 5~6년을 선고받았습니다. 일제의 거짓과 조작이 세상에 드러난 사건이었지요. 하지만 이 사건 때문에 신민회는 해산되고 말았습니다.

신체 구석구석

확인하라

서대문형무소역사전시관 2층에는 재소자카드가 전시되어 있습니다. 재소자카드란 무엇일까요? 수감자가 도착하면 우선 보안과 청사에서 조사받고 건강 진단표와 신상 조사표, 인상 및 특징표 등을 작성했습니다.[1-8] 이것이 재소자카드입니다. 일제는 수감자를 발가벗기고, 신체 구석구석 세세한 특징까지 조사했어요. 열 손가락 모두 지문을 찍어 지문표도 만들었지요. 마치 병원이나 한의원에서 하는 것처럼 수감자 몸에 난 상처, 흉터, 점까지 자세하게 기록했습니다. 이 과정에서 수감자의 인권은 철저히 무시되었습니다.

왜 이렇게까지 했을까요? 독립운동가들이 신분을 위장하기 위해 자주 변장했기 때문이에요. 일제는 체포한 사람이 독립운동가인지 확인하기 위해 재소자카드를 작성했습니다.

자유를 억압한

도구들

105인 사건 때의 사진을 보면 재판 받으러 가는 신민회 간부들의 머리에 고깔 모양의 갓 같은 것이 씌어 있습니다.[1-9] 이는 죄인의 얼굴을 가리는 도구인 용수라고 합니다. 짚이나 왕골, 대나무 등으로 만든 둥글고 긴 통에 눈만 뚫려 있지요. 죄수를 이동시키거나 교수형을 집행하러 갈 때 씌웠던 물건이에요. 용수를 쓰면 주변이 잘 보이지 않아 자연스럽게 두려움을

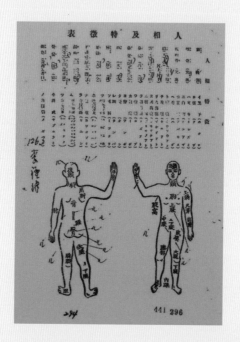

1-8
인상 및 특징표

1-9
머리에 용수를 쓰고 압송되는 신민회 회원들

느끼게 됩니다. 수감자들에게 공포심을 주기 위해 용수를 씌운 것이지요.[1-10]

서대문형무소역사전시관에는 용수와 더불어 차꼬框, 쇠고랑杻, 요腰 등 죄수를 억압했던 도구들이 전시되어 있어요. 차꼬는 죄수가 함부로 도망치지 못하게 발목에 차는 물건이고[1-11] 쇠고랑은 손목에 차는 것인데 수감자들이 반항하지 못하게 하는 효과가 있습니다. 차꼬와 쇠고랑을 함께 일컫는 질곡桎梏은 '묶여서 자유를 누리지 못하는 고통의 상태'를 의미하는 말로, 굴레라고도 부르지요. 요는 한자로 허리를 뜻하는 말인데 길이 3미터 무게 5킬로그램이나 되는 큰 물건입니다.[1-12] 수감자에게 강제 노역을 시킬 때 도망가지 못하도록 허리에 채웠어요. 용수, 차꼬, 쇠고랑, 요는 모두 신체적 자유를 억압하는 도구입니다.

김구도 서대문형무소에 갇혔다가 1914년 인천형무소로 옮겨져 부두 만드는 일에 강제로 동원된 적이 있었습니다. 김구는 그때의 일을 이렇게 증언합니다.

"손에 쇠고랑을 달고, 발에는 차코차꼬를 차고, 허리에는
요를 두르고, 등에는 돌을 짊어지고 사다리를 올라가는데
죽고 싶은 적이 4~5번 있었다. 하지만 나 때문에 사다리
밑에 있는 사람들이 억울하게 죽어서는 안 되기 때문에
참았다. 아침저녁 쇠사슬로 허리를 마주 매고 공사장에
나가 일을 한다. 흙 지게를 등에 지고 10여 길 높은
사다리를 밟고 오르내린다. 불과 반나절에 어깨가 붓고

1-10
용수

1-11
차꼬

1-12
요

등창이 나고 발이 부어서 몸을 움직이지도 못한다. 하지만
피할 길이 없다."

조선인만 때린
조선태형령

　　　　　　똑같은 죄를 지어도 한국인은 일본인과 다
르게 차별받았습니다. 1912년 일제는 조선에서 사라져 가던 태형
을 '조선태형령'이라는 이름으로 부활시킵니다. 그런데 일본인에
게는 태형이 금지되었습니다. 오직 조선인만 태형을 받았지요.
　이에 대해 독립운동가 오명천은 다음과 같이 증언했습니다.

"일본인들이 벌려 놓은 형틀과 그 채찍은 조선 왕조가
자국민을 징치하기 위하여 시행했던 고대의 태형과는
그 성격과 내용이 달랐다. 십자판 위에 사람을 엎드리게
하고, 두 팔을 벌려 놓고, 두 다리와 허리를 묶었다.
그들이 사용하는 매에는 끝에 납덩이가 달려 있었다.
엉덩이를 매로 때리면, 납이 살에 파고들어 가 피가
흐르고 살이 찢긴다. 매는 1차 80대가 보통이며 중도에
기절하면 회생시켰다가 3일 후에 다시 때린다. 맞은
사람은 절대 걸어 다닐 수 없고 사람의 등에 업혀 나오며,
죽으면 시체는 그 밤으로 행방불명이 된다."

3·1운동이 있었던 1919년에는 한 해에만 7,589명이 정식 재

판 없이 태형 처분을 받았습니다. 일제 경찰의 눈에 잘못 보이기만 하면 무조건 잡아 매로 때렸던 것이지요. 이처럼 일제는 잔인한 민족 차별적인 통치를 했고, 이에 대한 대대적인 저항의 움직임이 1919년 3·1운동으로 나타났습니다. 그 결과 1920년 조선태형령이 폐지되었습니다.

대한광복회와
김좌진

대한광복회는 1915년 대구에서 결성된 비밀 결사 단체입니다. 총사령관 박상진은 13도 창의군 군사장 허위의 제자로 허위의 시신을 수습한 분이기도 해요. 대한광복회는 군대식 조직을 갖추고 만주에 무관학교를 설립해 독립군을 기르고자 했습니다. 막대한 군자금을 모으기 위해 상점을 차려 상업 활동과 모금 활동을 하는 한편, 친일파를 죽이고 친일부호를 협박해 군자금을 모았지요. 일제가 운영하는 광산을 습격하기도 했고요. 전국적인 활동을 펼쳤지만 1918년 만주에서 무기를 들여오던 도중 일제에게 발각되었습니다. 이 사건으로 박상진을 포함한 주요 인물들이 붙잡혀 서대문형무소에 갇혔습니다. 채기중, 강순필 등이 서대문형무소에서 순국했고, 박상진은 1921년 8월 대구형무소에서 순국했습니다.

대한광복회 부사령관 김좌진은 대한제국 육군무관학교 출신입니다. 1911년 북간도에 독립군 사관학교를 설립하기 위해 활동하다가 일제에게 붙잡혔지요. 1911년부터 2년 6개월간 서대문형

 **최악의 법**

일제강점기에는 한국인만 매를 맞는 조선태형령 외에도 차별적인 제도가 많았습니다.

일제는 1910년 12월 '범죄즉결례'라는 법을 만들었어요. 일반 범죄는 물론 행정 법규를 위반한 것까지 모두 재판 없이 경찰이 그 자리에서 처벌할 수 있는 즉결 심판 제도를 확대 실시한 것이지요. 이 법으로 처벌된 한국인이 1911년 한 해에만 무려 1만 8,100명이었고, 1913년에는 2만 1,400명에 달했습니다. 한국인이 식민 통치에 조금이라도 불만을 표시하면 아무런 법적 보호도 받지 못한 채 헌병대나 경찰서로 끌려가 매질을 당하기도 했지요. 그래서 일제강점기에는 '일본 순사 온다'라는 말을 들으면 아이들도 단박에 울음을 그쳤다고 해요.

또한 1912년 일제는 한반도에서만 시행되는 특별한 법인 '조선형사령'도 만들었어요. 이 법의 핵심은 검사와 헌병경찰에게 판사에 준하는 강제 처분권을 주는 것입니다. 세계 법률사에 길이 남을 악법 중의 악법입니다. 근대 사법제도에서는 경찰이나 검찰이 범죄자로 의심을 해도, 판사가 범죄자로 의심되는 사람을 잡아서 조사할 수 있도록 허가하는 문서인 영장을 줄 것인지 심사하는 영장제도가 있어요. 그런데 조선형사령으로 영장제도를 폐지한 것입니다. 따라서 한국인은 자기를 방어할 수단이 전혀 없었어요. 언제든지 형무소에 갇혀 온갖 고문을 받을 수 있다는 뜻이지요. 일제강점기 한국인은 인권을 전혀 보호받지 못했던 것입니다.

무소에 투옥되어 김구와도 만난 적이 있습니다. 이후 김좌진은 만주로 망명하여 박상진을 구하기 위해 감옥 파괴계획을 세웠으나 실행하지 못했습니다. 그렇지만 김좌진은 무장 독립운동 단체인 북로군정서의 사단장이 되었고, 독립군을 지휘하여 1920년 청산리 전투를 승리로 이끌었습니다.

매국노를 처단하자
27결사대

자기의 이익을 위해 남의 나라 앞잡이가 되어 자기 나라에 해를 끼치는 행동을 하는 사람을 매국노라 불러요. 27결사대는 이완용을 포함한 매국노 7명을 죽이기 위해 1919년 27명이 결성한 비밀 단체입니다. 결사대장 이탁은 1919년 3월 고종의 국장 행렬이 지나갈 때 매국노들을 쏘아 죽이려 했으나 순종이 가까이 있어 실행하지 못하고, 매국 7적 성토문과 격문*을 배포했어요. 그해 5월 양종환을 포함한 결사대원 23명이 붙잡혀 서대문형무소에 갇혔다가 양종환이 옥사하고 말았습니다. 이후 이탁은 탈출하여 상하이와 만주 일대에서 독립운동을 지속했습니다.

의친왕과
조선민족대동단

조선민족대동단은 1919년 3월 서울에서 조직되었어요. 역시 비밀 독립운동 단체입니다. 전협, 최익환 등이 중심이 되어 조직했고 관료, 학생, 의병, 승려, 여성, 보부상 등 각계각층에서 참여했습니다. 그해 10월 제2의 3·1운동을 추진하기도 했지요. 대동단은 의친왕 이강을 상하이로 탈출시키려고 했습니다. 의친왕은 고종의 다섯째 아들이자 순종의 동생입니다. 다른 왕족과 달리 일본을 배척했지요. 그러나 일제에 계획이 들키면서 전협을 비롯한 단원들이 서대문형무소에 수감되었습니다. 그중 정남용은 1921년에 감옥에서 순국했고, 단장인 김가진은 상하이로 망명했다가 1922년 7월 상하이에서 순국했습니다.

이완용 처단에 앞장선
이재명

독립운동가들은 일제의 무단통치에 맞서 일제에 주도적으로 협력한 인물을 암살하고 식민 통치 기관을 파괴하는 의열 투쟁을 시작했어요. 의병이나 독립군은 많은 인원이 필요하지만 의열 투쟁은 소규모로 비밀리에 진행할 수 있었습니다. 그래서 일제는 의열 투쟁을 가장 두려워했지요.

이재명은 1909년 12월 22일 매국노 이완용이 종현천주교회당^{오늘날의 명동성당}에서 열리는 행사에 참석한다는 소식을 들었습니다. 그는 군밤 장수로 변장하고 성당 앞에서 기다리다가 인력거를 타고 지나가는 이완용에게 칼을 들고 달려들어 여러 차례 찔렀어요. 이완용이 죽었다고 판단한 이재명은 "대한 독립 만세!"를 외치고 현장에서 일본 순사에게 체포되었습니다.

◆ 역사 키워드

성토문과 격문

성토문은 여러 사람이 모여 국가나 사회에 끼친 잘못을 강하게 비판하는 글을 말해요. 격문은 어떤 일을 여러 사람에게 널리 알려 행동하도록 부추기는 글입니다.

김구의 《백범일지》에 이와 관련한 이야기가 실려 있습니다. 사건이 있기 전, 김구와 노백린은 이재명이 부인과 함께 칼과 총을 가지고 소란을 피운다는 소식을 듣고 이재명을 찾아갔습니다. 이때 노백린이 그의 총을 빼앗고 "이 총을 찾고 싶으면 경성으로 나를 찾아오라"고 한 뒤 기차를 타고 가버렸다고 합니다. 그 후 김구는 신문에서 한 기사를 보게 됩니다. 이재명이 이완용을 칼로 찔렀는데 이완용이 죽지 않았다는 내용이었지요. 이에 김구는 "그때 총을 주었으면 이완용을 확실히 처단할 수 있었을 텐데"라고 말하며 크게 아쉬워했습니다.

재판정에서 일본인 재판장이 이재명에게 물었습니다. "피고의 일에 찬성한 사람은 몇이나 되는가?" 이에 그는 "2,000만이다!"라고 답하며 자신은 의로운 행동을 했다고 당당히 말했어요. 당시 우리 민족 전체 인구가 약 2,000만 명이었으므로 민족 전체가 찬성했다고 말한 것이지요. 결국 이재명은 1910년 9월 30일 교수형이 집행되어 서대문형무소에서 순국합니다. 죽기 직전에 그는 "나는 죽어 수십만 명의 이재명으로 환생하여 기어이 일본을 망하게 하고 말겠다!"라는 말을 남겼습니다.

독립 열망에 나이는 없다
강우규

이재명이 젊은 청년이었던 것과 달리 강우규는 65세 노인이었어요. 강우규는 한의사였는데 독립운동 단체 '노인동맹단'을 만들어 3·1운동 당시 만주와 연해주에서 만세운동을 주도했습니다. 또한 만세운동의 열기를 이어가고자 1919년 5월 이발, 정치윤 등 다섯 명의 대표단을 서울로 보내 시위운동을 벌이게 했으나, 이들은 일본경찰에 붙잡히고 맙니다. 이에 분개한 노인동맹단 대표 강우규는 1919년 조선 3대 총독 사이토 마코토가 부임한다는 소식을 듣고 경성에 왔습니다.

1919년 9월 2일 사이토 마코토가 탄 마차가 남대문역지금의 서울역을 지나갔습니다. 강우규 의사가 마차를 향해 폭탄을 던졌지만 빗나가고 말았어요. 이에 일제에 붙잡힌 강우규는 총독부 고등법원에서 재판을 받았습니다. 그는 변호사도 선임하지 않으며 일본에 협조하기를 거부했습니다. 혀가 세 치나 빠져나왔다고 할 만큼 온갖 고문을 받았지만, 그의 기개는 굳건했습니다.

비록 성공하지는 못했지만 이 사건은 일제와 전 세계에 한국인의 확고한 독립 의지를 보여 주었지요. 그리고 1920년 11월 29일 서대문형무소에서 강우규의 사형이 집행되었습니다.

일제를 떨게 한
의열단

1919년 만주에서 김원봉, 윤세주 등 13명은 비밀 독립운동 단체인 의열단을 만들었습니다. 의열단은 조선 총독부터 일본 관리, 군부 세력, 매국노, 친일파 주요 인물, 밀정, 반민족적인 부자 들을 암살 대상으로 삼았어요. 또한 조선총독부, 동양척식주식회사, 매일신보사, 경찰서 등 일제의 중요 기관을 파괴할 대상으로 정했지요. 암살과 파괴를 목표로 삼았기에 폭탄 제

조법을 배우기도 했습니다.[1-13]

　1920년 6월, 조선총독부 폭파를 위해 남몰래 정황을 살피던 곽재기 의사가 일본 경찰에게 체포되었습니다. 그는 1927년까지 서대문형무소에 갇혀 있었어요. 의열단의 첫 번째 작전은 이렇게 실패했지만, 이후의 활동은 일제의 간담을 서늘하게 했지요.

　1920년 9월 부산경찰서에 폭탄을 던지고 부산경찰서장을 죽인 박재혁 의사가 현장에서 체포되었습니다. 그는 재판 과정에서 항소하여 서대문형무소에도 머물렀지요. 박재혁은 경성고등법원에서 사형을 선고받았고 대구형무소에 갇혔습니다. 그리고 "왜놈 손에 욕보느니 차라리 내 손으로 죽겠다"며 단식을 시작해 형 집행 전에 순국했습니다.

　1921년 9월 조선총독부 청사에 들어가 폭탄을 던졌던 김익상 의사는 거사 후 유유히 베이징으로 탈출했습니다. 그러나 1922년 3월 상하이에서 일본 육군 대장 다나카 암살에 실패해 체포되었어요. 김익상은 일본 나가사키감옥에 수감되었다가 1943년 출소되어 귀향했으나, 이후 일제 형사에게 연행된 후 소식이 끊겼습니다.

　1923년 1월 종로경찰서에 폭탄을 투척한 김상옥 의사가 은신 중에 일본 경찰에게 들켰습니다. 그는 총격전 끝에 스스로 목숨을 끊었습니다.

　1924년 1월 김지섭 의사는 도쿄 왕궁에 폭탄 3개를 던졌으나 모두 불발되어 현장에서 체포되었습니다. 그는 1928년 사형당해 세상을 떠났습니다.

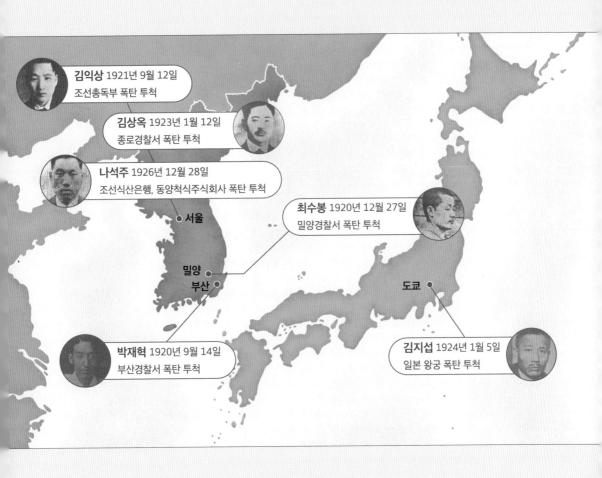

김익상 1921년 9월 12일
조선총독부 폭탄 투척

김상옥 1923년 1월 12일
종로경찰서 폭탄 투척

나석주 1926년 12월 28일
조선식산은행, 동양척식주식회사 폭탄 투척

최수봉 1920년 12월 27일
밀양경찰서 폭탄 투척

● 서울

밀양 ●
부산 ●

도쿄 ●

박재혁 1920년 9월 14일
부산경찰서 폭탄 투척

김지섭 1924년 1월 5일
일본 왕궁 폭탄 투척

1-13
의열단 활동

1926년 12월 나석주 의사는 동양척식주식회사에 폭탄을 투척한 이후 자결을 선택했습니다.

거액의 현상금이 걸린
김원봉

2019년 3월 1일은 3·1운동 100주년이었어요. 서대문형무소역사관에는 독립운동가 여덟 분의 사진이 걸렸지요. 그중 한 분이 김원봉이었습니다. 2019년 현충일 추념사에서 문재인 대통령이 "김원봉 선생이 이끌던 조선의용대가 임시 정부에 합류하여 광복 후 국군 창설의 뿌리가 되었고 한미 동맹의 토대가 되었다"고 언급하기도 했습니다. 김원봉은 해방 이후 북한에서 고위 간부를 지냈기 때문에 우리 역사에서 오랫동안 잊혔던 사람이에요. 하지만 그는 독립운동사에 너무도 큰 자취를 남겼습니다.

김원봉은 의열단의 핵심 인물입니다. 일제가 내걸었던 현상금을 보면 대한민국 임시 정부 주석 김구를 잡으면 80만 원이었는데, 의열단 단장 김원봉의 현상금은 100만 원이었어요. 그때의 100만 원은 오늘날로 따지면 수백억 원에 달한다고 추측합니다. 일제가 얼마나 김원봉을 잡고 싶어 했는지, 의열단이 일제에게 얼마나 위협적인 조직이었는지를 알 수 있지요.

1926년 소수 인원의 희생을 바탕으로 한 의열 투쟁이 한계에 도달했습니다. 이에 김원봉은 의열단원 24명과 함께 중국 국민당이 운영하는 황푸군관학교에 입학해요. 그곳에서 군사 전략과 민족해방운동 사상 등을 배우고, 중국의 지도자들과 친분을 맺게 됩니다. 김원봉은 1932년 조선혁명간부학교를 설립하여 항일 독립운동의 인재들을 양성하고, 1938년 조선의용대를 결성하여 대장이 됩니다. 조선의용대는 중국 국민당 정부의 후원을 받으며 일본군에 맞서 싸웠지요. 또한 김원봉은 1942년에는 한국광복군 부사령관, 임시 정부의 22대 군무부장이 되어 활동했습니다. 이처럼 그는 독립운동을 위해 온몸을 다 바친 인물이었습니다. 그런데 놀랍게도 해방 후 서대문형무소에 잠시 수감되기도 했습니다. 그 이야기는 제3부 〈민주화운동과 서대문형무소〉에서 좀더 다루겠습니다.

4

한반도를 뒤흔든 3·1운동의 함성

전국에서 만세가
울려 퍼진 날

한반도를 식민지로 삼은 일제는 총과 칼을 든 헌병경찰을 동원해 무단통치를 시행했습니다. 한국인의 단체 활동을 금지하고, 신문과 잡지 등을 폐간시켰어요. 일제의 식민 통치는 한국인과 일본인 사이의 경제적·사회적 불평등을 더욱 키웠습니다. 한국인의 반발심은 점점 커져 갔지요. 1918년에 미국의 윌슨 대통령이 처음 주장한 민족자결주의는 한국인의 독립 의지에 큰 자극을 주었습니다. 게다가 1919년 1월 일제가 고종을 독살했다는 소문까지 퍼지면서 반일 분위기가 크게 높아졌어요.

이때 국외에서 먼저 독립 만세운동이 준비되었습니다. 상하이에서 활동하던 신한청년단이 1919년 1월 김규식을 한민족 대표로 프랑스 파리에 파견했습니다. 김규식은 **파리강화회의***에서 한국의 독립을 지지해 줄 것을 요청했어요. 다른 신한청년단 단원들은 만주, 한반도, 일본 등지로 파견되어 각 지역 독립운동가들에게 독립 만세운동을 할 것을 촉구합니다. 2월 초에는 만주에서 우리나라 최초의 독립선언서인 '무오독립선언서'가 발표되고,

2월 8일에는 일본 도쿄에서 유학생들에 의해 '2·8독립선언서'가 발표되었어요.

이런 움직임에 자극받아 국내에서도 만세운동이 일어납니다. 천도교에서는 3대 교주 손병희의 지휘에 따라 독립운동을 준비했어요. 여기에 이승훈을 대표로 하는 서북 지역의 기독교 세력, 한용운을 대표로 하는 개혁 불교 세력, 그리고 젊은 학생들이 힘을 합칩니다. 이들은 1919년 3월 3일 고종의 장례일을 맞아 많은 사람이 서울에 모일 것으로 예상되는 3월 1일에 만세운동을 하기로 계획합니다.[1-14]

3·1운동의
일곱 가지 특징

① 비폭력 시민 불복종 운동

만세운동에 시민 다수가 자발적으로 참여해서 한국의 자주 독립을 선언하고 일제의 식민 통치에 저항했습니다.

② 최대 규모의 독립운동

박은식이 쓴 《한국독립운동지혈사》에 따르면 3월 1일부터 6월까지 집회 횟수는 1,542회였고 202만 3,098명이 참여했다고 해요. 거대한 민족운동이었습니다. 3·1운동이 전국으로 확산된 것은 독립선언

◆ 역사 키워드

파리강화회의

제1차 세계대전 이후에 처리할 문제를 논의하기 위해 열린 국제회의입니다. 이 회의에서 국제 문제를 풀어 갈 원칙으로 선택된 것이 미국 대통령 윌슨이 주장한 14개조예요. 국제연맹 결성, 식민지 주권 결정에 민족자결주의 원칙 등을 포함한 내용입니다. 한국의 지식인들은 민족자결주의가 보편적 국제질서의 원리로 제시되었다는 점에 주목하고, 독립운동의 계기로 삼고자 했습니다. 하지만 제1차 세계대전 패전국의 식민지에는 민족자결주의가 적용되었지만, 승전국이었던 일본의 식민지에는 적용되지 않았습니다.

서가 대량으로 인쇄되어 종교 단체와 학생들에 의해 널리 전파되었기 때문입니다. 독립선언서를 읽으며 억눌렸던 울분이 터져 나와 만세운동으로 이어진 것이지요.

③ 백성이 주인임을 선언한 운동

독립선언서는 나라의 주인이 왕이 아닌 백성임을 선언했습니다. 3·1운동 결과로 탄생한 임시 정부는 대한제국이 아닌 민주 공화제 정부인 대한민국이었지요.

④ 민족을 발견한 운동

전국 각지에서 종교와 계급, 지역의 구분 없이 모두 하나로 뭉쳐 독립을 외쳤어요. 3·1운동은 우리 민족의 힘을 발견한 운동이었습니다.

⑤ 독립운동의 방향을 바꾼 운동

3·1운동을 겪으며 사람들은 민족의 단합된 힘이 필요하다고 여겼습니다. 그 결과 상하이에서 대한민국 임시 정부가 탄생했어요. 또한 평화적인 만세운동에 한계를 느낀 사람들이 무장 투쟁에 나섭니다. 1920년대부터 만주에서 무장 독립 투쟁이 본격적으로 시작되었지요.

⑥ 일제의 식민 통치 방법을 바꾼 운동

일제는 3·1운동으로 무단통치의 한계를 깨닫고, 기만적인 문화통치로 통치 방법을 바꿉니다. 헌병경찰과 태형령이 폐지되고 언론사 설립이 가능해졌으며 단체 활동이 일부 가능해지는 등 몇 몇 변화가 생겼어요. 또한 일제는 회유와 협박 등을 통해 친일파를 육성하여 한민족이 분열하도록 일을 꾸미기 시작했습니다.

⑦ 학생과 여성을 발견한 운동

3·1운동은 민족운동의 전면에 학생이 등장한 최초의 사건이었어요. 학생들은 3월 5일 남대문역 기습 시위를 통해 고종의 장례를 마치고 고향으로 돌아가는 사람들에게 만세운동을 전파했습니다. 또한 3·1운동에는 여성이 많이 참여했지요. 독립선언서 배포와 독립 만세운동에 여성들이 대거 참여했습니다. 3·1운동을 계기로 여성의 사회적 역할이 크게 커졌습니다.

형무소가
커지다

《한국독립운동지혈사》에 따르면 1919년 3월에서 5월 말까지 일제의 무자비한 폭력에 의해 사망한 사람이 7,509명, 부당하게 고통받은 사람이 1만 5,961명, 투옥된 사람이 4만 6,948명이라고 합니다. 일제는 손병희, 이승훈, 한용운, 이종일, 최린 등 민족 대표와 학생운동의 지휘부인 강기덕, 김원벽 등을 모두 서대문형무소에 가두었어요. 1918년 말 서대문형무소 수감자는 1,856명이었는데, 3·1운동 이후인 1919년 말에는 3,075명으로 크게 늘었습니다. 전국 형무소에는 1평당 무려

5.2명 이상이 갇혀 있었지요. 특히 서대문형무소는 아주 심각했어요. 수용 기준 인원인 500명의 여섯 배를 초과해서 사람들을 가둔 탓에 감방에서 제대로 앉아 있을 수도 없었습니다. 수감자가 크게 늘어나자 공장에 철조망을 둘러 임시 감방으로 사용하기도 했습니다. 수감자가 너무 많아진 것에 당황한 일제는 1922년부터 서대문형무소 옥사를 대대적으로 확장하는 공사를 하게 됩니다. 3·1운동의 결과 서대문형무소는 초대형 형무소가 되었습니다.

3·1운동을 기획한
손병희

일제는 독립선언서에 서명한 민족 대표들에게 온갖 고문과 회유를 했습니다. 하지만 민족 대표 가운데 최린, 정춘수, 박희도만이 변절했을 뿐 나머지 30명은 의지를 굽히지 않았습니다. 그중 양한묵은 5월 26일 서대문형무소에서 고문 후유증으로 옥사했고요.

손병희는 1919년 대한국민의회 대통령, 조선민국 임시 정부 대통령으로 추대되는 등 당시 민족운동의 최고 지도자였습니다. 3·1운동을 계획했던 사람이기도 하지요. 하지만 모진 고문을 받아 몸이 다 망가졌어요. 손병희는 감옥에서 얻은 병이 심해 풀려났으나, 1922년 5월 19일 세상을 떠나고 말았습니다.

손병희는 3·1독립선언을 앞두고 천도교 간부들에게 다음과 같은 다짐을 시켰습니다.

"우리가 만세를 부른다고 당장 독립이 되는 것은 아니오.
그러나 겨레의 가슴에 독립 정신을 일깨워 주어야 하기
때문에 이번 기회에 꼭 만세를 불러야 하겠소."

그의 말이 맞았어요. 3·1운동은 겨레의 가슴에 독립 정신을
크게 일깨워 주었습니다.

3·1운동의 숨은 주역

이종일

3·1운동과 관련된 인물 가운데 꼭 소개하고
싶은 분이 있습니다. 바로 이종일입니다.[1-15] 개화파 관료였던
이종일은 1882년 일본을 방문하고 큰 충격을 받았습니다. 그리고
귀국 후 1894년 보성보통학교 교장으로 취임하며 교육 사업에 몸
을 던집니다. 그는 1898년 8월 순 한글로 만든 〈뎨국신문〉을 창간
하여 1910년까지 사장 겸 기자로 활동하며 민권운동, 계몽운동,
여성의 사회 참여 독려에 적극 나섰습니다. 1905년 천도교에 입
교한 뒤에는 천도교 직영 인쇄소인 보성사 사장으로도 활동하며,
천도교 지하신문인 〈조선독립신문〉을 창간하고 발행했습니다.

그는 3·1운동 직전 보성사에서 일제 몰래 독립선언서를 인
쇄하고 이를 천도교, 기독교, 불교, 그리고 학생 조직을 통해 전국
에 배포하는 일을 맡았습니다. 그가 아니었다면 3·1운동이 전국
적으로 확산되기 어려웠을 것입니다. 이종일은 1919년 3월 1일
태화관에서 열린 독립선언식에서 민족 대표 33명 가운데 한 명으

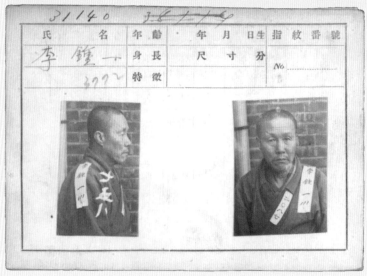

1-14
3·1운동 민족 대표 독립선언도

1-15
이종일 수형기록카드

로 참여해 직접 독립선언서를 낭독했지요. 그는 이 사건으로 3년 형을 받고 서대문형무소에 수감되었다가 2년 6개월 후 가석방되었습니다. 1922년 3월 1일에는 또다시 보성사 직원 50명과 제2의 3·1운동 기념식을 거행하기로 계획하고, 그때 낭독할 자주독립선언문을 작성해 인쇄했지요. 그러나 일제 경찰에 발각되어 인쇄물을 압수당하고 체포되었습니다. 그는 일제의 온갖 회유책에도 불구하고 지조를 지키다가 1925년 8월 31일 영양실조로 사망했습니다.

끝까지 당당했던
한용운

민족 대표들은 2년에서 1년 6개월 정도 수감되었지만, 끝까지 저항했던 한용운 같은 사람은 3년간 복역했습니다. 감옥에서 옆방 사람들과 함께 만세를 불렀다는 이유로 더 오래 갇혔던 것이지요.

일제의 고문과 회유가 심해지고 독립운동가는 극형에 처할 것이라는 소문을 듣게 되자 대성통곡하는 민족 대표가 있었다고 해요. 이를 본 한용운은 "이 비겁한 인간들이 울기는 왜 우느냐? 이것이 소위 독립선언서에 서명을 했다는 민족 대표의 모습이냐? 그따위 추태를 부리려거든 당장에 취소해 버려라"고 호통 치면서 그의 머리에 똥을 퍼붓기도 했습니다. 그는 감방 안에서 "치사스럽게 사는 것은 오히려 치욕이니, 옥같이 부서지면 죽어도 보람이라" 하는 시를 지으며, 독립투사의 기개를 당당히 보였지요.

3월 11일 일제 검사가 심문을 마치면서 "피고는 지금 이후에도 조선의 독립운동을 할 것인가?"라고 물었어요. 그러자 한용운은 "그렇다. 언제든지 그 마음을 고치지 않을 것이다. 만일 몸이 없어진다면 정신만이라도 영원히 가지고 있을 것이다"라고 대답했지요. 한용운을 포함한 독립운동가들의 독립과 자유를 향한 열정은 너무도 강렬해 누구도 가둘 수 없었습니다.

여성들이 활약한

3·1운동

3·1운동에는 여성들의 참여가 두드러졌습니다.[1-16] 개성 지역에는 2월 28일에 독립선언서가 배포되었습니다. 그런데 개성교회 목사가 겁이 나서 배포를 하지 못했어요. 그러자 이화학당 출신의 유치원 교사 권애라가 전도사 어윤희, 신관빈 등이 학생 시민들과 함께 독립선언서를 배포했습니다. 그 결과 개성에서도 3월 3일 만세운동이 일어납니다.

수원에서는 김향화를 비롯한 기생들이 앞장서서 독립 만세운동을 벌였습니다. 유관순은 천안으로 내려가 독립선언서를 배포하며 아우내 장터 시위를 주도했지요. 전국 형무소에 여옥사가 적었기 때문에, 3·1운동에서 활약했던 많은 여성이 서대문형무소 여옥사에 갇혀야 했습니다.

3·1운동이 일어났던 당시만 하더라도 남성 중심 사회였기 때문에 여성들의 자발적인 행동을 부정적으로 보는 경우가 많았다고 해요. 여학생들을 심문한 일본 경찰은 여성 스스로 판단하지

못하고 주변 사람들에게 휩쓸렸다는 전제를 두고 심문하기도 했지요. 3월 5일 정신여학교에서 시위를 주도한 이애주는 심문하는 일본인 법관에게 이렇게 말했습니다.

"우리는 조선 사람이오. 조선 사람이 조선 독립을 외치는
것이 잘못이란 말이오? 앞으로도 계속 만세를 부르겠소."

자신의 의지로 시위에 참가했음을 분명히 밝힌 것이지요. 당시 서양의 언론인과 선교사 들도 3·1운동의 특징으로 여성들의 열렬한 만세운동을 꼽았습니다.

감옥에서도 만세를 외친
유관순

이화학당 학생 유관순은 3·1운동이 일어났을 때 학생들과 함께 가두시위를 벌였습니다. 이후 학교가 휴교하자 고향인 천안으로 갔지요. 그곳에서 학교와 교회 등을 방문해 만세운동을 협의하고, 4월 1일 아우내 장터에 모인 3,000여 사람들에게 태극기를 나눠 주며 시위를 주도했어요. 그러다 일본 헌병대에 체포되었습니다. 유관순은 공주지방법원에서 5년 형을 선고받은 뒤 항소하여 경성복심법원에서 3년 형을 선고받았고 1919년 6월부터 서대문형무소에서 복역했습니다.[1-17] 여옥사 8호실에는 유관순을 비롯해 파주에서 만세운동을 한 임명애, 함경북도 화대동 장터에서 시위를 주도한 동풍신, 권애라, 신관빈,

1-16
여성들의 3·1운동 모습

1-17
서대문형무소 수감 당시 유관순

어윤희, 김향화 등 많은 독립운동가가 수감되어 있었지요.

유관순은 매일 아침저녁으로 만세를 열창했고 그때마다 매를 맞았습니다. 1920년 3월 1일에는 동료 수감자들과 대대적인 옥중 시위를 벌이기도 했어요. 이때부터 유관순은 지하 독방으로 옮겨 졌고, 영양실조와 고문에 시달리다가 그해 9월 28일 감옥에서 사망하고 말았습니다.

역사 더하기⁺ 의사·열사·지사

독립지사, 유관순 열사, 안중근 의사 이런 표현을 들어 보셨지요? 우리 책에서도 여러 번 이야기했어요. 그렇다면 지사, 열사, 의사는 각각 어떤 뜻일까요?

먼저 '의사'는 목숨을 걸고 무력으로 적과 싸우다 돌아가신 분입니다.

유관순처럼 맨손으로 독립운동을 하신 분은 '열사'라고 해요. 직접적인 행동보다 자결과 같은 죽음으로 강력한 항의의 뜻을 전한 분들도 열사에 해당합니다.

'지사'는 나라를 위해 헌신하려는 뜻을 품은 사람이란 의미입니다. 의사나 열사가 순국한 뒤에 붙일 수 있는 이름이라면, 지사는 살아 있는 분에게도 쓸 수 있는 말이지요.

'독립유공자 예우에 관한 법률'에서는 이분들 모두 구분 없이 독립 유공자로 표기합니다. 또한 광복 전에 사망한 분은 순국선열로, 살아서 광복을 맞은 분은 애국지사로 구분한답니다.

유관순 열사의 부모님은 아우내 장터 만세운동 때 현장에서 돌아가셨고, 오빠도 독립운동을 했습니다. 유관순의 시신은 가족을 찾는 데 시간이 흘러 많이 부패했습니다. 시신이 일곱 토막으로 나눠졌다는 설도 있고, 석유 깡통에 시신을 넣었다는 설도 있어요. 결국 이화학당에서 그의 시신을 수습해 이태원에 있는 공동묘지에 안치했습니다. 그런데 1936년 이곳이 군용기지가 됩니다. 일제는 시신을 화장하여 망우리 공동묘지로 이장해 버렸습니다. 우리나라 정부에서는 2015년 이태원 공동묘지 터에 유관순 열사 추모비를 세웠고 2019년 망우리에도 묘지석을 세웠어요.

서대문형무소와
대한민국 임시 정부

1911년 안악 사건으로 서대문형무소에서 수감 생활을 한 김구는 출소 이후 대한민국 임시 정부에서 활약합니다. 김구 외에도 대한민국 임시 정부에서 활동한 김동삼, 안창호, 양기탁, 여운형, 오동진 등 많은 분이 서대문형무소에 수감되었었지요. 가혹한 서대문형무소 수감 생활도 우리 민족의 독립 정신을 꺾지 못했던 것입니다.[1-18]

임시 정부는 바다 건너 중국 상하이에 있었습니다. 그래서 국내 비밀 행정조직망인 연통제*를 만들었지요. 애국 공채를 발행하고, 국민 의연금을 모집해 독립운동 자금을 마련하는 등 다양한 활동을 전개했고요. 국내와 계속 왕래해야 했기 때문에 임시 정부의 중요 인물들이 검문에 걸려 체포되는 경우가 생겼습니다. 앞서

大韓民國二年元月元旦
大韓民國臨時政府新年祝賀會紀念撮影

1-18
1920년 대한민국 임시 정부 신년축하식

언급한 분들 외에도 김규열, 김석황, 김성진, 김용제, 문시환, 선우혁, 신석환, 양준명, 유림, 유동열, 유범규, 유창우, 이규채, 이상호, 이원생, 이재천, 장병준, 전재일, 정의도, 조동호 등등…. 수많은 독립운동가가 임시 정부에서 활동하다가 서대문형무소에 수감되었습니다.

활명수를 팔아 만든
독립 자금

연통부*는 전국 곳곳에 있었습니다. 임시 정부에 독립 자금을 보내고 국내에 들어온 임시 정부 사람들을 보호해 주던 국내 비밀 행정조직망이었지요. 대표적인 곳이 서울의 동화약방과 부산의 백산상회입니다.[1-19]

고종의 호위 무관이었던 민병호가 궁중 한방요법에 미국 선교사들이 전해 준 서양의 의학 지식을 더해 활명수를 개발합니다. 민병호는 새로운 소화제인 활명수를 대중화하기 위해 1897년 동화약방을 창업했지요. 민병호의 장남 민강은 대한민국 임시 정부가 수립되자 서울 연통부의 책임자를 맡고 동화약방을 거점으로 삼았습니다. 민강은 활명수를 팔아서 번 돈으로 독립 자금을 냈고, 국내의 정보를 임시 정부에 전달해 주었으며, 서울에 잠입한 임시 정부의 주요 인물들을 보호해 주었습니다.[1-20]

민강은 1919년 3·1운동 직후에 체포되었다가 풀

◆ 역사 키워드

연통제와 연통부

연통제는 대한민국 임시 정부에서 국내외 업무 연락을 하기 위해 만든 지하 비밀 행정 조직이자 지방자치제도입니다.
연통부는 연통제 아래에서 운영되는 지방행정관청으로 연통부, 독판부, 부서 등으로도 불렸습니다.

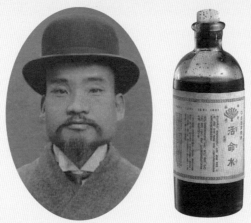

1-19
1897년 창업 당시 동화약방

1-20
서울 연통부 책임자 민강(왼쪽)과 활명수(오른쪽)

려났으나 1920년에 다시 체포되어 1년 6개월간 서대문형무소에서 수감 생활을 했습니다. 출옥 후에는 상하이로 건너가 교포 계몽과 후세 교육에 전념하지요. 다시 국내로 돌아온 뒤에는 동화약방을 동화약품으로 개명하고 주식회사로 전환해 기업을 살리려고 노력하는 한편, 계속해서 독립운동을 하다가 1924년 세 번째로 체포되어 고문을 받았습니다. 민강은 고문 후유증으로 고생하다가 결국 세상을 떠나고 말았습니다.

메모리얼룸에서
독립운동가 찾기

서대문형무소역사전시관 2층 중앙에 가볼까요? 이곳에는 메모리얼룸이 있습니다.[1-21] 이 방에는 일제강점기에 조선총독부의 주요 감시 대상 중 4,837명의 수형기록카드*가 전시되어 있지요.

지금 우리는 일제의 감시 대상이었던 분들을 꼭 기억해야 합니다. 수형기록카드 앞면에는 수감자의 상반신 사진을 붙였고 뒷면에는 나이, 직업, 주소 등의 신상 정보, 어떤 벌을 받는지 등을 상세히 기록했습니다. 메모리얼룸에서 여러분이 알고 있는 독립운동가분들을 직접 찾아보셨으면 합니다.

수형기록카드는 가나다순으로 전시되어 있어요. 가운데쯤 오면 유관순을 찾을 수 있을 것입니다. 그리고 왼쪽으로 네 칸 옆을 보면 여운형의 사진이 보입니다. 한용운의 사진도 찾아보세요. 일본인을 상대로 '해볼 테면 해봐라!' 하는 마음으로 사진을 찍은 것 같습니다.[1-22] 한용운의 저항 의지를 사진만 봐도 느낄 수 있지요. 강유규, 권동진, 김마리아, 안창호, 이승훈, 이종일 등도 찾아보세요.

수형기록카드 뒷장에는 죄명이 적혀 있습니다. 죄명이 확인된 4,630명 가운데 치안유지법, 출판법, 보안법위반 등 사상범에 해당하는 사람이 4,062명입니다. 전체의 87.73퍼센트를 차지합니다. 살인, 강도 등 단순범은 18명에 불과합니다. 일제가 독립운동가를 중점적으로 감시했다는 점을 알 수 있어요. 형무소에 갇혔지만 수형기록카드에 없는 독립운동가들도 있습니다. 그분들은 일제에 저항하다 먼저 세상을 떠나신 분들입니다. 자기 목숨을 내걸고 용감하게 일제에 맞서 싸우다가 죽음을 맞은 분들을 기억해야 하겠습니다.

◆ 역사 키워드

수형기록카드

1920~1940년에 일제 경찰에 의해 제작된 것으로, 현재 국사편찬위원회가 원본을 보관하고 있습니다. 2018년 10월 '일제 주요감시대상 수형기록카드'라는 이름으로 등록문화재가 되었습니다. 카드 번호가 6만 5,193번까지 있는 것으로 볼 때, 우리에게 알려지지 않은 독립운동가 많이 있었음을 알 수 있습니다.

1-21
메모리얼룸

1-22
한용운의 수형기록카드

5

민족 말살 통치기, 타오르는 독립운동

3·1운동을 계기로 독립운동이 더욱 활발하게 일어납니다. 바다 건너 상하이에서의 임시 정부 활동, 만주에서의 독립군 활동, 그리고 국내에서는 비밀결사 활동과 6·10만세운동 등 민족주의와 사회주의 세력의 다양한 민족운동이 벌어지지요. 그와 더불어 일제의 탄압도 심해져 서대문형무소에 갇힌 사람들이 더욱 늘어납니다.

일제의 군자금을
빼앗자

철혈광복단은 1919년 윤준희, 임국정, 한상호 등이 간도 지역에서 결성한 항일 무장 독립운동 단체입니다. 이들은 1920년 1월 4일 조선은행 함경도 회령 지점에서 간도 일본 영사관으로 보내는 현금 15만 원을 탈취하는 데 성공했어요. 그러나 일본 경찰의 밀정이었던 엄인섭의 밀고로 윤준희, 임국정 등이 체포되어 모두 사형 선고를 받고 1921년 8월 서대문형무소에서 순국했습니다.

공명단은 1926년 중국 산시성 타이위안에서 결성한 항일 독립운동 단체입니다. 이들은 만주에 독립군 비행사를 기르는 비행학교를 설립하기로 계획했지요. 국내에서 자금을 모금하는 한편, 자금 마련을 위한 활동을 시작했습니다. 1929년 4월 서울에서 춘천으로 향하는 일제의 우편수송차를 마치고개^{남양주시}에서 기습 공격한 것입니다. 공명단은 현금을 빼앗은 후, 조선인의 우편물만 남기고 모두 소각한 뒤 천마산에 들어가 몸을 숨겼습니다. 일제는 경찰과 군부대를 동원해 공명단원을 추격해 1주일간 격전을 벌였습니다. 결국 탄환이 바닥난 공명단원이 체포되어 최양옥은 11년, 김정련은 9년, 이선구는 6년 형을 선고받았습니다. 그중 이선구는 서대문형무소에서 징역을 살던 중 사망하고 말았습니다.

밀정을 처단한

채경옥

채경옥은 만주의 대한국민회에서 활동했고, 봉오동 전투 승리의 주역인 최진동이 이끄는 군무도독부에 가입해 독립군으로 활약했던 분이에요. 1920년 4월 함경북도 종성에 파견되어 일본 밀정을 잡아내고, 북간도 해란강 지역에서 밀정 고재근과 박운환을 처단한 후 일본군에 체포되었지요. 그는 1923년 3월 함흥지방법원에서 사형을 선고받았으나 경성복심법원에 항소해 서대문형무소로 옮겨졌다가 12월에 사형이 집행되어 순국했습니다.

총독을 처단하려던

송학선

집이 가난했던 송학선은 보통학교도 중퇴하고 고용살이를 하며 힘겹게 살았어요. 그러나 그는 평소 안중근 의사처럼 살고 싶어 했지요. 1926년 3월 어느 날 남대문 부근 경성사진관의 가옥을 수리하던 중 부엌에서 서양 칼을 발견합니다. 송학선은 그 칼을 들고나와 집에 감추어 두었지요. 그러던 중 순종이 세상을 떠납니다. 조선 총독 사이토 마코토가 창덕궁으로 조문하러 온다는 소식을 듣게 된 송학선은 총독을 죽일 계획을 세웠습니다. 4월 28일 창덕궁 금호문으로 들어오는 자동차를 보고 어떤 이가 "조선 총독!" 하고 외쳤습니다. 송학선은 비호처럼 자동차에 뛰어올라 준비한 칼을 들고 일본인을 찔러 죽였지요. 하지만 그는 조선 총독이 아니었습니다. 결국 송학선은 붙잡혀 사형을 선고받고, 1927년 5월 서대문형무소에서 순국했습니다.

제2의 3·1운동인

6·10만세운동

1926년 4월 26일 순종이 세상을 떠났습니다. 그해 6월 10일은 순종의 장례일이었습니다. 1926년은 독립운동의 열기가 차츰 수그러지던 시기였지요. 만주 지역의 무장 독립투쟁은 일제의 탄압으로 인해 침체되고 있었습니다. 상하이 임시정부는 창조파와 개조파의 갈등, 1925년 3월 이승만 대통령의 탄핵 사건 등으로 크게 위축된 상태였고요. 민족운동의 새로운 계기를 마련해야 하는 시점이었습니다. 이에 제2의 3·1운동을 일으키려고 시민 단체와 학생들이 움직였지요.

학생을 중심으로 사회주의자, 천도교 등이 손잡고 준비한 6·10만세운동은 10만 장에 달하는 격문을 뿌리며 독립 만세를 불렀습니다. 서울에서만 30만 명의 민중이 합세해 만세를 불렀고, 지방에서도 곳곳에서 만세운동이 이어졌어요. 그러나 3·1운동을 겪은 일제는 순종의 장례일에 만세운동이 있을 것을 예상했습니다. 그래서 5,000명의 군대와 2,000명의 경찰을 풀어 대대적인 검거 작전에 나섰지요. 결국 사회주의 운동 단체를 이끌던 권오설을 비롯해 서울에서만 212명이 체포되어 서대문형무소에 갇혔습니다. 6·10만세운동은 일제의 철저한 감시 탓에 전국적인 규모로 확대되지 못했습니다.[1-23]

◆ 역사 키워드

후세 다쓰지

일본의 인권 변호사입니다. 1919년에는 2·8독립선언의 주역이었던 최팔용, 송계백 등의 변호를 맡았고, 1926년에는 일왕을 암살하려던 박열을 변호했습니다. 후세 다쓰지는 권오설에게 가해진 잔혹한 고문 사건을 맹렬히 비판하며, 일본 양심에 호소하기도 했습니다. 2004년 우리나라 정부는 한국의 독립운동과 한국인의 인권을 위해 싸운 그에게 대한민국 건국 훈장을 수여했습니다.

권오설을 죽인
잔혹한 고문

6·10만세운동을 준비하던 중 일제 경찰에 붙잡힌 권오설이 서대문형무소에서 가혹한 고문을 받았습니다. 온갖 고문에 시달리던 권오설은 재판을 변호하던 **후세 다쓰지***, 김병로 등의 대리인을 통해 종로경찰서 미와 와사부로 경부를 포함한 4명을 '폭행독직죄'로 고소하지요. 고소 사건은 〈동아일보〉에 보도되었습니다. 미와 와사부로는 일제강점기 고등경찰 중에서도 악명이 높았어요. 서대문형무소역사

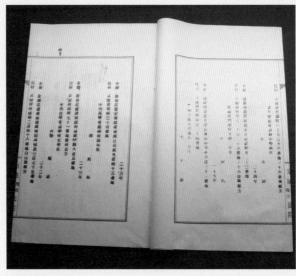

1-23
6·10만세운동을 탄압하는 일본 경찰(위)
6·10만세 판결문(아래)

전시관에서 권오설의 사진 속 눈과 입 주변을 보면 고문받은 흔적이 남아 있습니다.

권오설은 1930년 4월에 온갖 고문과 병 때문에 서대문형무소에서 죽고 맙니다. 출소 100일을 앞둔 때였지요. 일제는 그의 주검이 공개되면 잔혹한 고문 사실이 세상에 알려지게 될 것을 두려워했습니다. 그래서 시신을 관에 넣을 때 서푼짜리 송판으로 만든 관을 두꺼운 함석으로 감싸고 덮어 납으로 용접한 뒤 밀봉해 버렸지요. 그리고 시신을 고향에 묻되, 봉분을 만들지 말고 절대 외부인의 조문을 받지 말라고 그의 가족들에게 엄명을 내렸어요. 결국 함석철관 그대로 고향인 경상북도 안동 가일마을 앞 공동묘지에 묻혔습니다. 일제는 그의 무덤 주변을 6개월간 감시했습니다. 권오설의 무덤이 독립운동의 상징이 될 것을 우려했던 것이지요.

2008년 권오설의 시신을 이장하는 과정에서 철관이 드러났습니다. 관에서 나온 유골은 머리뼈와 얼굴뼈가 심하게 손상되어 있었습니다. 일제의 고문이 사람을 죽게 할 만큼 잔혹했음을 알 수 있어요. 현재 철관은 경상북도 독립운동기념관에 전시되어 있습니다.

광주학생운동과
신간회

일제강점기 국내에서 생긴 최대 규모의 합법적인 민족운동 단체는 1927년에 민족주의 세력과 사회주의 세력이 힘을 합쳐 만든 신간회입니다. 국내외 총 148개 지부, 3만

9,000여 명의 회원이 있던 신간회는 항일 민족운동을 전개했습니다. 1929년 전라남도 광주에서 일본 학생들이 한국 여학생을 희롱한 것에 분노하여 광주학생운동이 일어났어요. 신간회는 이를 지원하면서 민중 대회를 계획했지요. 일본은 민중 대회를 막고자 조병옥, 홍명희 등 신간회의 주요 간부를 체포했습니다. 신간회의 주요 간부들 역시 서대문형무소에서 수감 생활을 했습니다. 주요 간부들이 갇히는 일과 여러 세력 사이의 갈등으로 인해 신간회는 1931년 5월에 해산되고 말았습니다.

안창호의
사진 세 장

서대문형무소역사전시관에 오시면 안창호의 사진 세 장을 꼭 보셨으면 해요.[1-24] 첫 번째 사진은 1925년 이전 일제가 수형기록카드를 만들 때 찍은 것으로, 젊은 신사의 모습입니다. 두 번째 사진은 1932년 윤봉길의 상하이 홍커우공원오늘날의 루쉰 공원 폭탄 투척 사건 관련자로 체포된 후 경성에서 54일간 고문을 받고 서대문형무소에서 찍은 것입니다. 많이 여윈 모습이지요. 안창호는 대전형무소로 옮겨져 2년 6개월 동안 수감 생활을 했습니다. 세 번째 사진은 1937년 수양동우회 사건으로 체포되어 혹독한 심문을 받고 서대문형무소에 갇혔을 때 모습입니다. 앞선 사진과 달리 너무나도 아파 보이는 모습이 충격적입니다. 일제가 얼마나 혹독하게 고문을 가했는지 이 세 장의 사진을 통해 알 수 있어요. 안창호는 1937년 12월 병에 걸려 가석방되었

1-24
1919년 후반 임시 정부 활동 시 안창호(위)
1932년 윤봉길의 상해의거에 연루되어 투옥된 후 안창호(가운데)
1937년 수양동우회 사건으로 투옥된 후 안창호(아래)

지만 고문 후유증으로 입원한 지 3개월 만에 사망했습니다.

안창호는 1926년에 결성된 사회단체인 수양동우회의 중심 인물이었어요. 수양동우회는 1937년 '멸망에 빠진 민족을 구출하는 기독교의 역할'이라는 인쇄물을 전국 35개 지부에 발송하며 독립 정신을 고취했습니다. 그러자 일제는 수양동우회를 대대적으로 탄압하기 시작했어요. 181명을 검거했고 그중 42명이 재판을 받았습니다. 4년에 걸친 재판 끝에 1941년 전원 무죄 판결을 받았지요. 하지만 4년 동안 혹독한 고문을 받은 최윤세, 이기윤이 옥사하고 김성업은 고문 후유증으로 불구가 되었습니다.

죄 없는 사람에게 무차별적인 고문을 가해 죽게 만든 일제는 지금까지도 반성하지 않고 있습니다. 나라를 잃는 것이 얼마나 큰 설움인지 다시금 생각하게 됩니다.

〈성서조선〉 사건을 만든
극심한 사상 통제

〈성서조선〉은 1927년 기독교 사상가 김교신이 펴내기 시작한 잡지입니다. 김교신은 1942년 3월에 발간된 〈성서조선〉 제158호 머리말에 '부활의 봄 죽은 개구리를 조문하다'라는 글을 실었습니다. 일제는 겨울잠 자는 개구리가 다시 살아나는 것에 비유하여 민족의 소생을 부르짖었다는 이유로 발행 부수 300부에 불과한 이 잡지를 폐간시키지요. 그리고 김교신, 함석헌, 유달영 등 18명을 1년간 서대문형무소에 가뒀습니다. 구독자들의 집까지도 찾아내 잡지를 전부 태워 버렸고요. 소규모 잡지의 글까지 트집 잡을 정도로 일제의 사상 통제가 극심했습니다.

진실을 밝힌
단파방송 청취

1941년 태평양전쟁을 일으킨 일제는 전쟁의 양상이 한국인에게 전해지는 것을 두려워했어요. 그래서 '외국 단파방송 청취 금지령'을 공포하고 한국에 있던 외국인 선교사를 추방했지요. 그리고 방송과 신문을 통해 일본의 승리만을 일방적으로 보도하며 정보를 왜곡했습니다. 그런데 경성방송국 기술부에 근무하는 한국인 직원들이 위험을 무릅쓰고 행동합니다. 미국 샌프란시스코에서 송출되는 〈미국의 소리〉 한국어 방송과 중국 충칭에서 대한민국 임시 정부가 1940년 11월부터 송출하기 시작한 한국어 방송을 들었던 것이지요. 한국어 방송은 주 3일 김구를 비롯한 임시 정부 요원들이 육성으로 임시 정부의 존재와 전쟁 상황 등을 직접 알리고 항일의식을 고취하며 투쟁 방향을 제시하는 내용이었습니다.

단파방송을 듣게 된 방송국 직원들은 일본이 패전하고 있다는 소식을 외부에 알리기 시작했습니다. 그러자 일제는 경성방송국 직원 성기석, 이이덕 등 300여 명을 체포했고, 이들은 서대문 형무소와 다른 형무소에서 감옥살이를 하며 고생했습니다. 일제 식민지 정책을 대변하고 침략 도구로 활용되던 방송국, 그 방송국에서 일하던 사람들에게도 민족의식과 일제에 저항하는 정신이 살아 있음을 보여 준 사건이었습니다.

민족 말살 정책에 맞선

조선어학회

1938년 일제는 한글 교육을 폐지하고 한국어 사용을 금지하며 민족 말살 정책을 추진합니다. 이에 맞서 조선어학회는 한글맞춤법통일안, 외래어표기법 등을 제정하고 우리말 사전을 편찬하며 한글 보급 운동을 통해 민족사상을 고취하는 활동을 했지요.

2019년 상영된 〈말모이〉는 조선어학회 사건을 다룬 영화입니다. 이 사건은 영생여자고등학교의 학생들이 기차 안에서 한국말로 대화하는 것을 일제 경찰이 듣고 이들을 취조하며 시작되었어요. 여학생들에게 민족주의 의식을 가르친 사람이 사전 편찬을 하고 있던 정태진임을 파악한 일제는 정태진을 취조해 조선어학회가 독립운동을 목적으로 삼은 민족주의 단체라는 자백을 받아냅니다. 이를 계기로 1942년 10월부터 1943년 4월까지 33명을 검거하여 조선어학회를 강제로 해산시켰습니다. 또한 사전 편찬 작업에 함께하거나 재정적으로 돕는 등 협력한 33명을 모두 내란죄로 처벌했습니다. 이윤재, 한징 등은 함흥형무소에서 순국했고 이극로, 최현배, 이희승, 정인승 등은 서대문형무소에 갇혀 옥고를 치렀습니다. 조선어학회에서 만든 한글 사전 원고는 일제가 압수했습니다. 하지만 다행히 1945년 10월에 서울역 창고에서 발견되어 1947년《조선말 큰사전》으로 간행되었습니다.[1-25]

역사 더하기+ 숨만 쉬어도 잡혀가는 한국인

일제는 '치안유지법'을 통해 일제의 통치 질서에 저항하는 생각을 가진 사람들을 10년 이하의 징역으로 처벌했습니다. 1928년에는 이 법을 개정해, 독립운동을 한 사실만으로도 사형 선고를 내릴 수 있도록 만들었고요. 여러 명의 독립운동가가 개정된 법에 의해 사형을 당했지요. 이 법으로 일본인이 사형된 경우는 없었습니다. 1936년에는 '조선 사상범 보호 관찰령'을 시행해, 치안유지법으로 가둔 한국인을 석방 후에도 계속 감시했습니다. 또한 1941년에는 '조선 사상범 예방 구금령'을 시행해 일제에 저항하는 생각을 가진 사람은 범죄를 저지를지도 모른다며, 죄를 짓기도 전에 미리 감옥에 가둘 수 있게 했습니다. 일제강점기에 살던 한국인은 숨만 쉬어도 잡혀갈 수 있었던 것이지요.

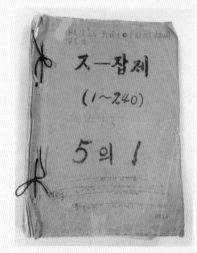

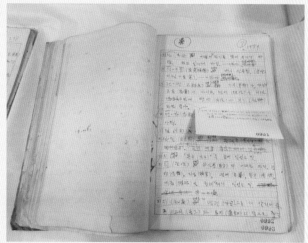

1-25

조선어학회의 전신 조선어연구회의 가갸날(한글날) 기념 행사(위)

1945년 서울역 창고에서 발견된《조선말 큰사전》원고(아래)

6

끔찍한 고문과
일제의 만행

지금까지 우리는 서대문형무소역사전시관 2층을 살펴보았습니다. 일제강점기에 이곳에 수감되었던 분들을 중심으로 독립운동의 역사를 둘러보았지요. 이번에는 지하 1층에 내려가 보겠습니다. 이곳에서는 일제가 얼마나 심한 고문을 저질렀는지 볼 수 있어요. 온갖 탄압을 견디며 독립운동을 한다는 것은 정말 용감한 일입니다. 독립유공자의 삶을 공부해 보면 진심으로 그분들을 존경하게 될 거예요. 그분들이 겪은 아픔이 다시는 일어나지 않게 하기 위해서라도 일제강점기에 어떤 일이 있었는지 알아보아야 합니다.

왜 형무소에서
고문을 했을까?

일제강점기 시절 일제는 군과 경찰을 동원해 한반도 전체를 거대한 감옥으로 만들었지요. 한국인들은 차별과 감시 속에 살아야 했습니다. 서대문형무소에 수감된 유관순은 친지들이 항소를 권유하자 "삼천리강산 어디인들 감옥이 아니겠습니까?"라고 말했다고 해요. 식민지 현실을 정확히 간파한 유관순에게 감방 안이나 감방 밖이 크게 다르지 않았던 것입니다. 그런데 감옥 안에서도 정말 끔찍한 곳이 따로 있었어요. 서대문형무소 보안과 청사 지하 1층입니다. 이곳은 수감자들이 치를 떠는 장소로 인간을 파괴하는 온갖 고문이 일어나는 곳이었습니다.

현재 우리나라 구치소에 수감된 사람들은 경찰 조사를 마친 사람들이에요. 구치소에 수감된 피의자와 범죄를 저지른 것으로 의심되는 사람은 차를 타고 검찰로 가서 조사를 받게 됩니다. 하지만 일제강점기 때는 차량이 많지 않았어요. 따라서 검찰 조사를 위해 피의자를 이동시키지 않고 수사관이 직접 서대문형무소에 찾아와 조사했지요. 그 과정에서 수많은 고문이 벌어졌던 것입니다. 일제는 105인 사건, 수양동우회 사건처럼 죄 없는 사람들을 범인으로 만들고자 고문했습니다. 없는 죄를 인정하도록 강제한 것이지요. 한 사람의 독립운동가를 잡으면 그와 연관된 사람들을 말하라고 강요하기 위해 고문했습니다.

지옥의
계호계

서대문형무소에서 고문이 행해지던 곳은 보안과청사 지하 1층 계호과 옆 취조실이었습니다. 일제강점기 때의 모든 형무소에는 크기와 위치는 다르지만 이런 목적의 방이 있었지요. 취조하는 과정에서 온갖 고문을 했기 때문에 수감자들은 지하 취조실을 '지하 고문실' 또는 '지옥의 계호계'라고 불렀습니다.

지금부터 100년 전으로 돌아가 독립운동가가 되어 볼까요?

임시 구금실에서 취조를 기다리고 있다고 상상해 보세요. 어디선가 고문받는 소리와 비명이 들려옵니다. 없는 죄를 인정하라고 강요하면서 고문하는 일제 경찰의 무자비한 모습에 치를 떨게 됩니다. 차라리 죽는 것이 나을 정도로 잔혹한 고문을 한 일제에 맞선 그분들의 의지가 놀랍습니다. 저는 이곳에서 세 개의 간을 맛보라고 권합니다. 바로 그 시절의 시간, 공간, 인간입니다. 1930년대 그 어느 시간에, 이 취조실 공간에서, 일제에 저항하며 신념을 지킨 인간을 생각해 보면 좋겠습니다.

서대문형무소 간수였던 권영준이 쓴 글에 따르면, 취조실에는 출입문과 조그만 창문이 하나 있었는데 전등 없이는 한낮에도 캄캄했다고 해요. 형무소에서 일한 지 얼마 안 된 권영준이 이 방을 구경하고 놀라는 표정을 짓자, 일본인 간수가 1919년에는 조선 학생들이 이곳에서 많은 욕을 보았다고 일러 주었다고 합니다. 한쪽 벽에 걸려 있는 갖가지 취조 도구, 아니 고문 도구는 보기에도 섬뜩했다고 해요. 특히 천장 쇠고리에 걸린 올가미 진 밧줄은 흡사 사형장의 목줄과 다름없게 느껴졌다고 합니다.

고문을 견뎌낸
오동진

권영준은 만주에서 독립운동을 하던 정의부 군사위원장 오동진의 이야기를 기록했습니다. 오동진은 일제 고등계 형사에게 갖가지 고문을 당하다가 마침내 '착의를 입는 고문'을 당하게 되었습니다. 착의는 쇠가죽으로 만든 조끼로 허리에 굵은 가죽 띠를 두르게 만든 옷입니다. 거짓이라도 자백을 받아야 할 때 바짝 건조된 착의를 알몸 상태의 피의자에게 꼭 맞게 입힙니다. 이때 약간 미지근한 물을 부으면 가죽조끼가 부풀어 오르다가 물이 마르면서 점점 몸을 쪼이기 시작합니다. 고문받는 사람은 결국 숨이 막혀 기절하게 되지요. 고문 중에서 가장 잔인한 고문이라고 해요. 오동진은 이런 고문을 몇 번이나 당했으나 자백하지 않았습니다. 그래서 일제 형사도 "오동진이란 자는 지독한 조선인이다" 하며 혀를 내둘렀다고 해요. 원래 이 고문은 반드시 의사가 들어와 고문하기 전과 후에 건강진단을 하도록 되어 있었으나 한 번도 지켜지지 않았다고 합니다.

독립운동가들은 본인이 잡힐 것을 대비해 하나의 규칙을 갖고 있었습니다. 잡혔을 경우 최소한 하루는 버티는 것입니다. 다른 동료들이 도망갈 시간을 벌어 주는 것이지요. 그래서 심하게 고문받아 몸이 상했던 분이 많았고, 심지어 고문받다가 사망했던 분도 많았던 것입니다.

떠올리기도 싫은
고문 방법

지금부터 일제가 일삼았던 섬뜩한 고문에 관한 이야기를 해볼게요.

물고문은 가장 대표적인 고문입니다. 사람을 거꾸로 매달고 코에 물을 붓는 고문이지요. 그런데 일제는 물에 고춧가루나 기름을 섞기도 하고 뜨거운 물을 붓기도 했습니다. 사람이 숨을 쉬어야 하는데 콧속에 들어온 이물질도 함께 들이켜다 보면 폐 속에 이물질이 쌓여 폐렴으로 사망하게 됩니다.

사람을 똑바로 눕히고 이마에 물을 한 방울씩 떨어뜨리면 어떻게 될까요? 시간이 지나면 무거운 돌이 떨어지는 느낌을 받는다고 해요. 그런데 나무 침대에 독립운동가의 손발을 묶은 다음 일제 형사 한 사람이 올라타고 얼굴에 물을 붓기도 했습니다. 숨을 쉴 수 없어 기절하면 인공호흡으로 토하게 한 후 다시 반복했다고 합니다. 고문실에 있던 욕조에 물을 받아 놓고 머리를 처박아서 숨 쉬지 못하게 만드는 고문도 있었습니다.

1926년과 1934년 두 차례 잡혀 들어왔던 송봉우는 '비행기 태우기'라는 고문을 당했어요. 비행기를 태운다는 말은 두 손을 뒤로 한 채 수갑을 채우고 여기에 밧줄을 이어 천장에 매다는 고문입니다. 보통 한두 시간씩 계속하고는 했습니다. 시간이 흐른 뒤 굳어진 팔을 내리면 곧잘 부러졌기 때문에 이때는 두 팔을 전문으로 내려 주는 사람이 옆에서 거들었다고 합니다.

역사전시관 지하 1층에는 사면에 뾰족한 못 같은 것이 달린 상자가 전시되어 있습니다. 이것을 '고문 상자'라고 불러요.[1-26] 일제는 사람을 상자 안에 집어넣고, 상자를 마구 흔들었습니다. 그러면 상자 안에 들어간 사람이 마구 찔리며 피가 흥건하게 흘렀습니다.

고문 상자만큼이나 악랄한 고문 도구는 시신을 넣는 관처럼 생긴 '벽관'입니다.[1-27] 일제는 벽관 안에 사람을 넣고 못 나오게 한 후 밖에서 계속 욕을 하며 공포를 줬어요. 이런 고문을 두세

1-26
고문 상자

1-27
벽관

시간 계속했습니다. 그러면 벽관 밖으로 오줌이 저절로 흘러나왔다고 해요. 벽관에서 나온 사람은 오랜 시간 같은 자세로 움직이지도 못하고 있었으므로 뼈가 부서질 수 있었어요. 그래서 형무소에는 뼈를 맞추는 사람도 있었습니다. 좁은 벽관에 갇혔다가 나온 사람은 공황장애를 겪기도 했습니다. 서대문형무소에 벽관이 전시되어 있으니 체험하고 싶다면 들어가 보아도 좋아요. 저는 체험하기 꺼려집니다.

간단하지만 잔인한 고문으로 '손톱 찌르기'가 있습니다. 나무를 얇게 깎아 손톱 밑을 찌르기도 하고 손가락 피부밑으로 통과시키는 고문입니다. 또 일주일 정도 밥을 주지 않고 굶겼다가 간수들이 밥 먹는 모습을 보여 주는 치사한 고문도 있습니다. 이것도 견디기 힘든 고문 중에 하나였지요. 물론 성고문도 있었습니다. 그래서 여성들은 더욱 힘들게 수감 생활을 했습니다. 그 밖에도 맨몸에 가죽 채찍으로 매질하기, 뜨거운 인두로 몸을 지지기, 양다리를 묶고 두 다리 사이에 큰 막대기를 끼워 양쪽으로 정강이를 비트는 주리 틀기, 시멘트 바닥에 무릎을 꿇리고 구둣발로 짓밟기 등의 고문이 있었습니다.

권영준의 기록에 따르면 당시 경찰서에서 행한 고문은 이보다 더욱 잔인했다고 합니다. 피의자들의 팔다리 관절을 기술적으로 조작하여 신경을 마비시킨다던가 배터리를 이용해 팔다리에 전기를 통하게 하는 등 차마 표현하기조차 끔찍한 방법을 썼다고 회고했습니다.

인권의 소중함을
알리기 위한 곳

　　　　　몇 년 전까지만 해도 서대문형무소역사전시관 지하 1층에 가면 당시 고문 상황을 재현한 인형을 볼 수 있었고 고통에 괴로워하는 사람들의 목소리를 들을 수 있었습니다. 그래서 이곳을 방문한 아이들이 울기도 했고, 무섭다고 지하 1층에 가지 않는 사람도 많았지요. 그래서일까요? 서대문형무소역사관이 인권의 소중함을 알리는 곳이 되어야 하며 일제를 증오하는 곳으로만 만들어서는 안 된다는 여론이 생겨났습니다. 그 결과 고문받는 인형이 많이 사라졌고 목소리 대신 간단한 설명문으로 바뀌었습니다.

2부 · 힘겨운

수감 생활

1

식민지 감옥의
운영 방식

고문이 벌어졌던 전시관 지하 1층에서 나와 볼까요? 맞은편에 중앙사 건물이 보입니다. 오늘날의 전시관 건물은 일제강점기에는 보안과 청사로서 서대문형무소의 업무를 총괄한 건물이었습니다. 1층에 사무실, 2층에 회의실과 소장실이 있었어요. 반면 중앙사는 옥사 전체를 감시하고 통제하는 곳이었습니다. 중앙사 1층은 수감자를 관리하는 간수들의 사무공간이었고, 2층은 교회당이었습니다. 지금은 안전상의 문제로 중앙사 2층과 옥사 2층 관람을 금지하고 있어요. 중앙사를 살펴보며 서대문형무소가 어떻게 운영되었는지 알아보고, 12옥사로 이동해 수감자들의 감방 생활에 관해 알아보겠습니다.

형무소를 운영한
사람들

1910년 전국 형무소에 갇힌 7,021명 가운데 서대문형무소에만 2,053명이 수감되어 있었습니다. 3·1운동 직후인 1919년에는 3,074명, 1942년에는 3,544명으로 수감자가 계속해서 늘어났지요. 일제는 소장과 부소장 아래에 서무과, 작업과, 의무과, 계호과, 교무과, 구치감 6개 부서를 두고 서대문형무소를 운영했습니다. 서무과는 각종 서류 작업, 직원 급여와 시설, 용품 등의 관리를 맡았어요. 작업과는 수감자에게 노동을 시키고 공장에서 물건 만드는 일을 관리했습니다. 의무과는 수감자의 보건 및 의료를 담당하는 부서입니다. 계호과는 수감자들을 관리 감독하고 출입을 경계하는 등의 일을 맡았지요. 교무과는 수감자의 교육을 담당했습니다. 구치감은 미결수를 관리 감독하는 곳이었어요. 일제에 전혀 협력하지 않을 특수 사상범을 가두기 위해 1931~1935년에 건물이 만들어졌습니다.

소장과 부소장을 포함한 대부분의 간부는 일본인이었습니다. 교회사는 모두 일본인으로 3~10명 정도 있었습니다. 수감자를 관리하는 간수도 모두 일본인이었다가 1929년 이후에는 한국인도 채용했습니다. 1937년 기준 간수 261명 가운데 한국인이 115명으로 약 44퍼센트였지만 13명의 간수장 가운데 한국인은 1명에 불과했지요. 관리직은 대부분 일본인이었고, 잡일을 하는 사람은 한국인이 더 많았습니다. 형무소 운영에서도 한국인은 차별 대우를 받았던 것이지요.

교활한

교회 활동

일제는 수감자를 대상으로 교회를 실시했습니다. 일제가 기독교 국가였냐고요? 여기서 말하는 교회는 기독교의 교회가 아니에요. 일제의 명령에 복종하는 사람으로 만드는 것을 말합니다. 교회사는 수감자를 교회시키는 사람을 말하고요. 일제는 수감자 개개인의 특성과 상황에 맞춰 치밀하게 전향 작업을 했습니다. 원래 가지고 있던 신념이나 생각을 바꾸는 것을 전향이라 해요. 독립운동가에게 일제의 앞잡이가 되라고 권한 것이지요. 중앙사 2층 교회당에서 집단적으로 교회하기도 하고 개인별로 감옥에 들어올 때, 석방될 때, 규칙을 어겨 벌을 더하게 될 때 등 수시로 교회를 실시했습니다. 조국을 배신하고 일제의 앞잡이가 되라고 강요하기도 하고 전향하면 여러 혜택을 준다고 유혹하기도 했어요.

1937년 이후 일제는 '처우 개선제'라는 것을 만들어 수감자들을 4급·3급·2급·1급으로 나누었습니다. 전향서를 쓰지 않으면 처우 개선 대상이 되지 않았어요. 전향서를 쓰면 감옥에서의 생활이 상당히 편해집니다. 3급이 되면 일주일에 두 번 목욕할 수 있고, 면회와 편지의 횟수도 많아지며, 밥의 양도 달라지고, 감방 안에서 누울 수도 있었습니다. 그럼에도 50퍼센트 이상이 전향서를 쓰지 않았지요.

〈성북동 비둘기〉라는 시로 유명한 김광섭 시인은 1941년 사상범으로 체포되어 3년 8개월 동안 옥살이를 했어요. 김광섭은 전향서를 쓰고 3급이 되자 공책과 펜을 지급받았습니다. 그는 《나의 옥중기》라는 책을 씁니다. 이후 2급이 되고 가석방되어 감옥을 나왔지요. 전향서를 썼다고 모두 일본에 협조한 것은 아니었어요. 전향서를 쓰고 감옥에서 빨리 나가 다시 독립운동을 해야 한다고 생각한 사람도 있었습니다. 여운형도 전향서를 썼지요. 물론 일제가 주는 어떤 것도 받지 않겠다는 분도 있었습니다. 유학자를 대표하는 독립운동가 김창숙은 전향서를 거부했다가 고문을 받아 두 다리가 마비되기도 했습니다.

수감자를 괴롭힌
간수들

현재 우리나라 교도소에는 교도관이 있습니다. 교도관은 수감자를 바르게 인도하는 직무를 맡은 분들입니다. 일제강점기 때는 이들을 간수라고 불렀어요. 간수는 한자도 읽고 쓸 줄 알아야 했어요. 급료도 상당히 높아 매우 인기 있는 일자리였다고 합니다. 그렇지만 조선인 간수는 일본인 간수보다 월급이 적었습니다. 계호과에 소속된 간수들은 수감자를 분류하고 상과 벌을 주며, 수감자 면회를 관리하는 등 생활을 일일이 감시했지요. 수감자와 간수에 관련된 이야기는 옥사를 살필 때 더 이야기하겠습니다.

드라마나 영화에 나오는 일제강점기 때의 간수는 독립투사들을 무자비하게 폭행하고 고문하는 악당으로 등장하는 경우가 많지요. 하지만 1929년부터 생긴 한국인 간수 가운데는 독립운동가의 편의를 은밀하게 봐주는 이들도 있었습니다.

일제의 손과 발이 되어 일했던 한국인 간수도 친일 인명사전에 등재될까요? 일제의 **작위나 은사금**◆

◆ 역사 키워드

작위와 은사금

작위는 왕족이나 공적이 뛰어난 귀족에게 주는 명예로운 칭호나 계급을 말합니다. 일제는 친일 행위를 한 자들 가운데 박영효, 윤택용, 이완용, 박제순 등에게 후작, 백작, 자작, 남작의 작위를 주어 조선 귀족으로 우대했습니다. 은사금은 감사하다는 의미로 주는 돈입니다. 이재면, 윤택영, 이준용, 이완용, 이지용 등 조국을 판 자들은 현재 가치로 수십억 원 이상의 돈을 받았습니다.

103

을 받거나 일제의 손발이 되어 동포를 괴롭히는 등 적극적인 친일 행위를 했다면 친일 인명사전에 실립니다. 하지만 일반적인 간수 활동을 한 경우는 해당되지 않아요. 그리고 일제는 독립운동가를 비롯한 사상범 관리에는 한국인 간수를 가급적 제외했습니다.

유난히 많은 사람이
갇힌 이유

　　　　서대문형무소의 수감자가 다른 형무소에 비해 많았던 이유가 무엇일까요?

첫째, 서대문형무소에는 형이 확정된 기결수와 형이 확정되지 않은 미결수가 함께 있었습니다. 서대문형무소는 수사나 재판이 진행 중이라서 아직 법원에서 형을 선고받지 않는 사람들을 가두는 구치소 역할을 했습니다. 더불어 판결이 확정된 후 형을 선고받은 사람들을 가두는 형무소 기능도 했지요. 지금은 구치소와 교도소를 구분하지만 일제강점기 때는 그렇지 않았습니다.

둘째, 항소하는 수감자가 있었습니다. 일제강점기에도 1심 지방법원, 2심 복심법원, 3심 고등법원으로 된 3심 제도가 있었어요. 공정한 판결을 위해 재판을 세 번 받을 수 있게 만든 제도가 있었습니다. 조선에는 대법원이 없는 대신 경성에 있는 고등법원이 최고 법원이었습니다. 지방법원에서 항소하려면 평양이나 대구, 경성으로 와야 했습니다. 따라서 복심법원과 고등법원에 항소하려는 사람들이 서대문형무소에서 재판을 기다리며 수감되어 있었던 것이지요. 반면 10년 형 이상을 받은 사람들은 경성감옥^마

포형무소이나 대전형무소로 옮겨서 수감되었습니다.

셋째, 여성 수감자가 있었습니다. 서대문형무소는 다른 형무소에 비해 여자 옥사가 커서 여성 수감자가 많았습니다. 1937년 전국 형무소에 수감된 1만 9,358명 가운데 여성은 전체의 3.17퍼센트에 해당하는 613명이었다고 해요. 그 가운데 30.34퍼센트에 해당하는 186명이 서대문형무소에 갇혀 있었습니다.

넷째, 사형수가 있었습니다. 서대문형무소 안에 사형장이 있었기 때문에 사형을 선고받은 사람들도 수감되었습니다. 사형장은 서대문형무소 외에 평양과 대구에도 있었지만 서대문형무소에서 가장 많이 사형이 집행되었습니다.

다섯째, 구치감이 있었습니다. 일제는 수년에 걸쳐 서대문형무소 남동쪽에 구치감을 짓고 1935년에 완공했어요. 구치감의 283개 감방에 600명을 수용할 수 있었는데, 무려 85.5퍼센트인 242개 감방이 독방으로 되어 있습니다. 구치감은 사상범만을 집중 수용하는 특수 감옥이었기 때문이에요. 특히 제4동의 72개 독방은 중요한 사상범을 가두었습니다. 아직 판결이 나지 않은 사람들을 구치감에서 최고 5년까지 가두기도 했습니다. 재판해서 판결이 나면 그동안 가둬 둔 기간은 벌 받는 기간에서 빼주어야 하는데 그렇게 하지 않았습니다. 독립운동가를 오랫동안 가두고 고문함으로써 독립 의지를 꺾거나, 일제에 협력하는 사람으로 만들려고 했던 것입니다.

2
무엇을 먹고
입었을까

살기 위해 먹는
가다밥

　　　　　　의식주는 인간 생활에서 가장 중요한 세 가지라고 합니다. 일제강점기 수감자들의 의식주를 보면 어떻게 저런 곳에서 저런 옷차림을 하고 저런 음식을 먹으면서도 살 수 있었는지 의심할 정도입니다. 일제는 수감자들을 너무나도 비인간적으로 대우했습니다.

　　일제강점기 형무소에서 수감자들이 먹었던 밥을 가다밥이라고 합니다. '가다かた'는 일본어로 '틀'이라는 뜻입니다. 가다밥은 '틀로 찍어 주는 밥'입니다. 서대문형무소역사관 중앙사에는 가다를 전시하고 있으니 살펴보세요.[2-1]

　　수감자들의 밥은 콩 50퍼센트, 좁쌀 30퍼센트, 현미 20퍼센트 비율로 하루에 3회 배급되었습니다. 다른 지역 형무소는 보리와 옥수수를 섞어 만든 주먹밥을 수감자에게 주었어요. 서대문형무소가 서울에 있었던 만큼 나름 배려한 결과라고 합니다. 식물성 단백질이 풍부한 콩을 준 것은 당시 콩값이 저렴했기 때문이었습니다. 고기는 비쌌기 때문에 당연히 주지 않았고요. 그래서

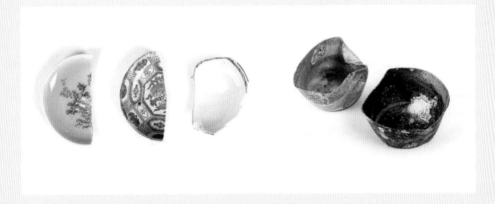

2-1
가다(위)
간수용 도자기 그릇과 재소자 밥그릇(아래)

흔히 감옥살이를 '콩밥 먹는다'라고 표현합니다. 예전에는 쌀 대신 콩을 많이 주었기 때문에 이 말이 사용되었지만 지금은 콩이 쌀보다 비싸서 우리나라 교도소에서는 1986년부터 콩밥을 주지 않습니다.

수감자들의 식사는 감방 안 아래쪽에 있는 가로세로 20센티미터 크기의 조그만 구멍인 식구통을 통해 배식했습니다. 하지만 독방이나 징벌방에 갇힌 자들을 제외하면 대부분 강제 노동을 하던 공장에서 먹게 했지요. 더 오랫동안 일을 시키기 위해서였습니다. 밥의 양은 각 사람의 형량과 일의 강도에 따라 9등급으로 나눠졌습니다. 틀 속에 나무토막을 넣고 나무토막 두께에 따라 양을 조절했습니다. 특등급은 한 끼에 400그램, 1등급은 380그램을 주었으나 8등급은 200그램에 불과했습니다. 일제의 기준으로 볼 때 모범수라면 밥을 더 주고, 저항하는 자들에게는 배고픔을 느끼게 한 것이지요. 배급량 조절을 통해 일제에 협력하게 만들고자 했던 것입니다.

의열단 활동을 했던 이병희 열사의 증언에 따르면 밥에 벌레가 너무 많아 밥을 먹기 전 한참 벌레를 솎아 냈다고 해요. 그러나 형무소에 오래 갇혔던 분들은 그 벌레까지 먹었다고 합니다. 배가 너무 고파 벌레마저 먹게 된 것이지요.

전쟁의 막바지에 이른 1944년 말부터 각종 물자가 부족해집니다. 그러자 일제는 형무소에 보내는 보급 물자부터 줄였고 식량도 줄였습니다. 형무소에서 가장 중요한 식량이었던 콩의 공급마저 끊기자 밥 대신 좁쌀 삶은 것에 볶은 소금 정도만을 배급하기도 했어요. 영양실조로 병이 난 사람과 굶어 죽은 사람도 늘어났습니다. 전쟁으로 인한 고통은 형무소 안에서 수감 생활을 하는 사람들에게 더욱 컸습니다. 사실상 하루 한 끼만 먹었다고 해요.

밥과 함께 국이 있었지만 건더기는 거의 없는 소금국이었습니다. 처음 감옥에 들어온 사람들은 멋모르고 소금국을 벌컥벌컥 마시다가 나트륨이 몸 밖으로 배출되지 않아 죽기도 했지요. 너무 배가 고픈 나머지 공작사에서 일하는 동안 동물의 가죽이나 힘줄로 만든 접착제인 아교나 소가죽을 씹어 먹기도 했습니다. 수감자들은 살기 위해 너무나 많은 고생을 했습니다.

살이 쪄서 의심받은
박금철

중앙사 오른쪽, 현재 뮤지엄숍으로 운영되는 건물은 원래 식사를 만드는 취사장이었어요. 내부는 취사실과 보일러실, 욕실 세 개의 구역으로 구분되는데 취사실에 대형 솥을 걸고 밥을 지었습니다. 질이 좋지 않은 재료를 사용해 값싸게 대량으로 만들다 보니 당연히 밥맛은 떨어졌지요. 수감자들은 대부분 배고픔을 가장 고통스러워했습니다.

그런데 배고픔을 덜 겪은 이들이 있었습니다. 바로 '소지'입니다. 서대문형무소에서는 말을 잘 듣는 죄수들을 뽑아서 취사실에서 음식을 나눠 주거나 간수들의 심부름, 청소, 물품 전달 등의 잡일을 시켰습니다. '사동청소부'가 정식 이름인데, 일본어로 소우지ぞうじ라고 하고 한국인들은 소지라 불렀습니다.

소지로 활동했던 사람 가운데 박금철이 있습니다. 김일성과 함께 활동한 인물로, 해방 후 북한에서 부수상까지 지냈으나 숙청됩니다. 숙청은 꼼꼼히 청소한다는 뜻이에요. 조직에서 어떤 인물을 제거할 때 사용하는 말이지요. 그런데 숙청된 이유가 재미있습니다. 서대문형무소에서 복역했을 때 다른 동지들은 먹지 못해 피골이 상접하거나 폐병에 걸려 고생했는데, 박금철만 유독 살이 쪄서 감옥 문을 나섰다는 것입니다. '일제에 투항하여 간수들과 못된 짓을 벌였을 것'이라는 혐의였습니다.

사진을 보면 박금철이 다른 수감자들보다 조금 통통하기는 합니다. 아마 취사장에서 일했거나, 배식하는 일을 하면서 음식을 더 먹을 수 있지 않았을까요? 북한에서 그를 숙청하기 위한 명분으로 삼은 것이라고 생각됩니다.

수감자들에게 소중한
옷 한 벌

수감자들은 보통 '하오리'라는 일본식 옷을 입었습니다. 재판을 통해 형이 확정된 기결수는 주황색, 그렇지 않은 미결수는 청회색 죄수복을 입었지요.[2-2] 그리고 병자는 흰색 옷을 입었습니다. 그런데 수인복은 계절별 구분이 없었어요. 더운 여름에는 옷을 접거나 벗으면 되지만 겨울철에는 죄수복만으로 추위를 견디기 어려웠습니다. 그래서 겨울철에는 수감자 개인이 옷감 안쪽에 솜을 넣어 입었습니다.[2-3]

이소가야 스에지라는 일본 사람이 있습니다. 그는 봉오동 전

2-2
미결수와 기결수의 옷

2-3
여름옷과 겨울옷

투를 치렀던 일본 19사단 소속의 군인이었어요. 병역을 마치고도 일본에 귀국하지 않고 조선에 남아 함흥 비료 공장에 취직했지요. 그런데 공장에서 한국인들과 함께 노동조합을 결성해 활동하다가 체포됩니다. 그리고 재판을 통해 6년 형 판결을 받아 함흥형무소에 수감되었다가, 항소를 위해 복심법원이 있는 서대문형무소로 옮겨졌습니다.

서대문형무소에서 수감 생활을 하던 어느 날 급식 판 밑에 편지가 하나 들어옵니다. 본인은 사형당할 것이니까 격벽장 운동 시간에 옷을 바꿔 입자는 내용이었습니다. 이소가야 스에지는 겨울이 다 지났는데도 여름옷을 구하지 못해 겨울옷을 그대로 입고 있었거든요. 서대문형무소 감방은 겨울에는 춥고, 여름에는 더웠습니다. 옷을 구하지 못해 힘들어하는 그를 안쓰럽게 보던 사형수 이동선이 옷을 바꿔 입자고 제안한 것입니다. 이소가야 스에지는 왠지 마음이 불편해서 요청을 받아들이지 않았습니다.

어느 날 그가 격벽장에서 운동하다 너무 더워 옷을 벗어 격벽장에 올려놓았습니다. 그때 이동선이 빠르게 이소가야 스에지의 옷을 가져가고 자신의 옷을 둡니다. 어쩔 수 없이 그는 이동선의 옷을 입었다고 해요. 옷 한 벌이 소중했던 형무소 안에서도 배려가 있었음을 알 수 있는 이야기입니다.

가족들의 희생이 새겨진
옥바라지 골목

형무소에서 주는 배식만 먹으면 영양실조가 우려됩니다. 겨울에는 방한복이 지급되지 않았기 때문에 동상에 걸릴 수도 있었습니다. 옥에 갇힌 사람에게 옷과 음식 등을 대어 주며 보살피는 옥바라지에는 가족들의 역할이 컸습니다. 가족들은 서대문형무소 주변 여관에 머물거나 하숙을 하면서 옥바라지를 했습니다. 1920년 5월 27일 〈동아일보〉가 옥바라지 여인과 인터뷰한 내용에 따르면 "집안 사람은 먹지 못하더라도 옥중에 계신 어른에게는 반찬 한 가지라도 정성껏 해드려 보냈다"고 해요. 1919년 5월에는 감옥 안에서 차입밥, 즉 수감자 가족들이 밖에서 들여보내온 밥을 먹는 사람이 무려 600명이나 되었다고 합니다. 매일 1,800끼의 도시락과 의복 등이 감옥 안으로 들어왔습니다. 집에서 직접 밥을 준비할 수 없는 사람들은 '사식차입소'라는 전문 도시락집을 이용했어요. 교도소나 유치장에 갇힌 사람에게 개인이 마련한 음식인 사식을 대신 들여보내는 가게입니다.

직접 사식을 넣거나 식당 주인이 수감자 친척의 위탁을 맡아 도시락을 가지고 오면 배식 시간마다 간수가 검사했습니다. 사식을 먹는 수감자들은 한곳에 모여 먹었지요.

서대문형무소 주변은 처음에는 허허벌판이었습니다. 하지만 옥바라지하는 사람이 늘어나면서 차츰 집도 많아지고 골목도 생겼어요. 서대문형무소 주변 무악재 46번지 일대는 옥바라지 골목이 되었습니다. 옥바라지하는 사람들이 모여서 서로를 위로하며

2-4
독립운동가 가족을 생각하는 작은 집

살았지요. 광복 후에도 시국 사범의 가족들이 옥바라지하기 위해 모여들었습니다. 옥바라지 골목은 1987년 서울구치소가 의왕시로 이전하면서 점차 사라졌어요. 그리고 2016년에 재개발사업이 추진되며 완전히 철거되었습니다.

2019년 12월 20일 서대문형무소역사관 맞은편인 지하철 독립문역 3번 출구 앞에 '독립운동가 가족을 생각하는 작은 집'이 세워졌습니다.[2-4] 옥바라지 골목을 기념하는 전시관이니 한번 가보시길 권합니다.

독립운동가의
수감 생활

김구의
여름과 겨울

대한민국 임시 정부 주석을 지낸 김구는 1910년 11월 발생한 안악 사건으로 체포되어 서대문형무소에서 수감 생활을 했습니다. 그는 "당시 서대문감옥은 경성감옥이라고 문패를 붙인 때이고, 수감자의 총수 2,000명 미만에 대부분이 의병이고, 그 나머지는 소위 잡범이다. 옥중의 대다수가 의병이란 말을 듣고 나는 심히 다행으로 생각했다"고 말했지요. 식민지 지배의 핵심기구였던 경성감옥에서 김구는 7회에 걸친 가혹한 심문을 받고 징역 15년을 선고받습니다. 그는 서대문형무소에서 옥살이를 하다가 1914년 인천감옥으로 옮겨졌고 그해 7월에 가석방됩니다.

김구는 옥중에서의 생활을 이렇게 기억하고 있었습니다.

"수감자들은 소위 판결을 받기 전에는 자기 의복을 입거나 자기 의복이 없으면 청색 옷을 주워 입다가, 기결되어 복역하는 시간부터 붉은색을 입었다. 입동부터

춘분까지는 무명옷을 입고, 춘분부터 입동까지는 홑옷을
입었는데, 병이 든 수감자들은 백색 옷을 입었다. 식사는
하루 3회 분배되었는데, 콩 50퍼센트, 좁쌀 30퍼센트,
현미 20퍼센트의 거친 음식이었다. 밥과 찬을 분배한 후,
음식을 먹을 때에는 간수들이 머리를 조아려 예를
올리도록 시킨다. 수감자들은 호령에 쫓아 무릎을 꿇고
무릎에 두 손을 올려놓고 머리를 숙였다가 왜놈 말로
'모도이' 하면 머리를 일제히 들었다가, '깃판' 하여야 먹을
수가 있었다. 수감자들은 종종 밥을 줄이는 감식벌을
받기도 했는데, 나의 밥을 남에게 주거나, 남의 밥을 내가
얻어먹다가 간수에게 발각되면, 심한 경우는 3분의 2,
가벼운 자는 2분의 1을 줄여서 3일에서 7일 동안 줄인
상태로 먹게 했다."

김구는 감옥 생활에서 가장 힘든 시기를 여름과 겨울로 꼽았
습니다. 특히 여름에 사람이 가장 많이 죽어 나간다고 증언했어
요. 좁은 감방에 더운 열과 호흡, 땀 때문에 숨 쉬기도 힘들다고
했습니다. 겨울에는 솜이불 4개를 감방에 넣어 주는데 버선 없는
발과 무릎에 동상이 걸려 발가락, 손가락이 불구가 된 자가 많았
다고 합니다.

검신이 괴로웠던
김광섭

　　　　　김광섭은 형무소에서 가장 힘들었던 일로 매일 아침 공작사로 강제 노동을 하러 가는 도중에 당해야 했던 검신을 이야기합니다.

　　공작사는 감옥 내 공장인데 온갖 도구가 있었어요.[2-5] 일제는 수감자들이 도구를 이용해 탈옥하는 것을 예방하기 위해 아침마다 수감자들의 신체를 검사했습니다. 매일 아침 나팔 소리가 나면 모두 옷을 벗고 일하는 작업장으로 뛰어갑니다. 여자는 쪽진머리를 하기 위해서 남자보다 30분 일찍 일어났다고 해요. 이때 벌어진 일을 김광섭은 다음과 같이 증언합니다.

"간수의 구둣소리가 빨라지면서 철컥철컥 문들이 열린다.
마음속으로 나갈 차비를 단단히 하는데도 몸이 벌써
오그라진다. 그러나 망설이다간 야단이다. 후려갈기기도
하고 차이기도 한다. 나의 독방에도 차츰 가까워진다.
홀딱 벗고 문 앞에 선다. 무명수건 하나를 들고 문이
열리자 고개를 끄덕하고는 복도를 달려 층계를 내려와
큰 문에 나서면 겨울 물에 풍덩 뛰어드는 듯 찬바람을 혹
느끼며 창창한 대한천봉시 차가운 날씨에 뛰어든다. 정신없이
달리다가 가운데 놓인 허들을 훌쩍 뛰면서 입을 하~
벌려야 한다. 뛰는 것은 항문에 감춘 것이 없다는 표시오,
입을 벌려 소리 내는 것은 입에 문 것이 없다는 증거다.

감방과 공장 사이로 조그마한 것이라도 가지고 다니다간
벼락이 떨어진다. 이것이 아침에 시작되는 제일 고된
징역이다."

김광섭은 전향서를 쓰고 처우 개선제 2급이 되어 검신을 면
제받게 됩니다. 검신이 너무 힘들었기 때문일 것입니다.

희망을 잃지 않은
심훈

저항 시인 심훈은 3·1운동에 참여했다가 잡
혀서 8개월간 서대문형무소에서 수감생활을 했습니다. 그는 감방
의 열악한 상황에 대해 어머니에게 편지를 써서 알렸습니다.

"쇠고랑을 차고 용수는 썼을망정 난생처음으로
자동차에다가 보호 순사까지 앉히고 거들먹거리며 남산
밑에서 무악재 밑까지 내려 긁는 맛이란 바로 개선문으로
들어가는 듯 했습니다.
어머니! 날이 몹시도 더워서 풀 한 포기 없는 감옥 마당에
뙤약볕이 내리쪼이고 주황빛의 벽돌담은 화로 속처럼
달고 방 속에는 똥통이 끓습니다. 밤이면 가뜩이나 다리도
뻗어 보지 못하는데, 빈대·벼룩이 다투어 가며 진물을
살살 뜯습니다. 그래서 한 달 동안이나 쪼그리고 앉은 채
날밤을 새웠습니다."

심훈은 이렇게도 말했습니다.

"그렇건만 대단히 이상한 일이지 않겠습니까? 생지옥
속에 있으면서 하나도 괴로워하는 사람이 없습니다.
누구의 눈초리에나 뉘우침과 슬픈 빛이 보이지 않고,
도리어 그 눈들은 샛별과 같이 빛나고 있습니다."

감방에 있어도 신념에 찬 사람들의 눈빛에서 심훈은 미래의
희망을 보았던 것입니다.

여운형이 얻은
다섯 가지 병

여운형은 신한청년당을 만들어 김규식을 파
리강화회의에 파견하고, 대한민국 임시 정부를 세우는 데도 큰 공
을 세웠습니다. 그는 1919년 11월 일본에 건너가 일본의 국방대
신, 내무대신, 체신성대신, 척식국장관 등을 차례로 면담하고 한
민족 독립의 정당성을 연설해 더욱 유명해졌지요. 여운형은 러시
아의 레닌, 트로츠키, 중국의 쑨원, 장제스, 마오쩌둥, 그리고 베
트남의 호찌민 등과도 교류하며 국제적으로도 유명했습니다. 그
는 상하이에서 일제 경찰에게 체포되어 조선으로 압송된 뒤 서대
문형무소에서 3년 넘게 수감 생활을 합니다.[2-6]

여운형은 독방에 갇혀 생활하면서 체중이 20킬로그램이나
줄었으며 온갖 병을 얻었지요. 그는《옥중 회고록》에서 감옥소 때

2-5
공작사

2-6
치안유지법으로 서대문형무소에 갇힌 여운형

문에 다섯 가지 병을 얻었다고 했습니다.

첫째는 상하이에서 잡힐 때 경관과 격투하다가 귀를 얻어맞아 고막을 다쳐 한쪽 귀가 안 들리게 된 것입니다. 둘째는 옥에서 주는 조밥을 먹다가 돌을 깨물어 이 한 개가 부러지고 결국 잇몸에 염증이 생겨 괴로워진 것입니다. 셋째는 옥에 갇힌 지 며칠 안 되어 신경통이 격렬하게 일어나서 그 때문에 머리와 수염이 하얗게 세어 버린 것, 넷째는 하루 세 시간 이상 자 본 적이 없는 불면증, 다섯째는 감옥 안에서 누구나 다 앓게 되는 치질에 걸려 고생한 것이라고 했습니다. 지독한 고문, 열악한 식사와 잠자리, 스트레스로 인해 여운형처럼 많은 수감자의 건강이 악화되었지요.

여운형은 독방을 감옥 속의 감옥이며 사람을 늙게 하는 곳이라고 했어요. 독서를 하려 해도 일본이 허가하는 책만 읽을 수 있어 괴로웠는데 셰익스피어 원문 전집은 물론 구운몽과 같은 고전 소설도 읽을 수 없었다고 했습니다. 일본은 여운형과 같이 똑똑하고, 조선인의 리더에 해당하는 죄수의 감방을 지키는 간수는 교양을 갖춘 일본인을 임명했습니다. 조선인 간수가 그들에게 설득당하지 않도록 떨어뜨려 놓았던 것이지요.

4

12옥사
둘러보기

수감자를 감시하는
판옵티콘

중앙사는 10·11·12옥사와 모두 연결되어 있습니다. 중앙사에서 각각의 옥사와 연결된 곳에는 간수가 앉는 자리가 있습니다. 이곳에 앉으면 세 개 옥사가 한눈에 보입니다.[2-7] 부채꼴 모양으로 만들어진 이러한 감옥 양식을 판옵티콘 Panopticon이라고 합니다. 판은 '모든', 옵티콘은 '본다'는 뜻이지요. 1791년에 철학자 제러미 벤담이 영국 정부에 제안한 교도소 형태라고 합니다.

소수의 감시자가 모든 수용자를 한눈에 감시할 수 있는 장점이 있기 때문에 영국의 펜튼빌교도소를 포함한 근대 감옥에서 널리 활용되었지요. 서양 문물을 빠르게 배운 일본도 서대문형무소에 판옵티콘 양식을 적용했습니다.

간수 자리는 항상 불이 꺼져 있고 감방은 불이 켜져 있습니다. 그래서 감방 안 수감자들은 간수가 있는지 없는지 알지 못하고, 항상 누군가가 자신을 지켜보고 있다고 느끼게 됩니다. 수감자들은 어디서 자신을 감시할지 모르는 간수 때문에 늘 행동을

123

2-7
옥사가 한눈에 들어오는 간수 자리

조심해야 했습니다. 감방 안에서는 똑바로 앉아 있는 것이 원칙입니다.

그런데 만약 수감자가 급한 일이 있을 때는 어떻게 간수에게 연락했을까요? 감방 문 옆에 설치된 일종의 신호기, 패통을 누릅니다. 조그만 구멍 안의 밀대를 손가락으로 누르면 복도 쪽으로 나무 막대기가 튀어나오게 되지요. 밖에 있는 간수가 이 패통을 보고 감방으로 다가옵니다.[2-8]

형무소 구조뿐만 아니라 감방 내부도 감시하기 쉽게 되어 있습니다. 간수는 문을 열지 않고 감시구를 통해 감방 안을 둘러볼 수 있지요. 감시구는 깔때기처럼 된 구멍이라 감방 안에서는 복도 쪽이 조금만 보입니다. 반면 복도에서 들여다보면 감방 안을 대부분 볼 수 있습니다. 수감자들은 형무소 안에서 늘 감시받아야 했습니다.[2-9]

끔찍한 징벌방의
경험

간수 자리에서 12옥사의 일반 감방으로 갈 때 가장 먼저 마주치는 곳은 징벌방입니다.[2-10] 형무소에서 고문 다음으로 수감자를 괴롭힌 것이 징벌방에 갇히는 일입니다. 일제는 폭행을 하거나 탈옥 시도 등 사고를 저지른 죄수나 감방 내에서 소란을 피우는 독립운동가를 징벌방에 가두었습니다. 12옥사에 있는 세 개의 방은 각각 1평도 안 되는 좁은 곳이어서 한 사람이 제대로 눕기에도 좁습니다. 게다가 빛이 차단되어 먹처럼 껌

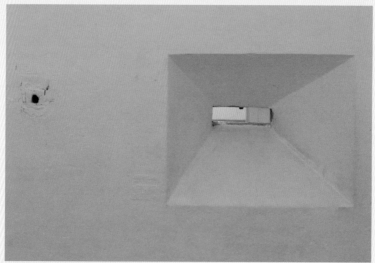

2-8
긴 막대 모양의 패통과 문에 달린 배식구

2-9
감방 안에서 본 감시구

껌하다고 하여 '먹방'이라 불리기도 했지요. 마룻널 끝에 구멍을 내어 용변을 처리하게 했는데, 이는 외부 사람과 아예 만나지 못하게 떨어뜨려 놓는 방법이었습니다.

징벌방에 갇히면 밤낮을 구분할 수 없고 아무것도 보이지 않아요. 상상 이상의 고통을 받게 됩니다. 이부자리도 없는데다가 심지어 그 좁은 곳에 갇힌 수감자의 손에 수갑을 채워 넣었다고 해요. 게다가 한번 들어가면 일주일 뒤에야 햇빛을 볼 수 있었다고 합니다.

좁디좁은
감방 생활

징벌방을 지나면 복도를 중심으로 양쪽으로 1층과 2층에 감방이 배치되어 있습니다. 감방은 크게 두 종류로 12.8제곱미터약 3.87평 크기와 5.2제곱미터약 1.57평 크기로 구성되었어요. 큰 방은 잡거방이라고 하는데, 4명 정도가 생활하는 것이 보통이겠지만 김구의 《백범일지》에 이런 방에서 무려 40명이 수감 생활을 했다는 기록이 있습니다. 이렇게 많은 사람이 한 방에 있다 보니 밤에는 일부가 벽에 둘러 서 있고 일부만 누워 자야 했습니다. 그리고 일부는 머리를 반대 방향으로 두고 누워야 더 많은 사람이 잘 수 있었습니다. 똑바로 누울 수도 없어 옆으로 누워야 했지요. 김구는 당시 상황을 이렇게 말합니다.

"누울 자리가 없어 힘센 이들이 먼저 누운 자의 가슴을

밀어 자리를 만들어 모두가 누운 후에야 밀던 자까지
눕는다. 힘써 밀 때는 사람의 뼈가 상하는 소리인지
우두둑 소리에 소름이 돋는다."

작은 방은 흔히 독방이라고 하는데, 9옥사의 독방에는 기존
사회 질서에 반대하여 개혁을 일으키려다 붙잡힌 사상범이 주로
수감되었다고 합니다. 사상범을 왜 독방에 가두었을까요? 다른
사람에게 사상범의 생각이 전해지는 것을 막기 위함이었습니다.
일제는 9옥사에 조선인 간수도 배치하지 않았지요. 조선인 간수
가 독립운동가들에게 감화되어 그들을 도울 것을 우려했기 때문
입니다.

1930년대 서대문형무소 수용 밀도가 감방 1평당 3.12명이었
어요. 밀집도가 매우 높았습니다. 같은 시기 대만의 1.37명, 일본
의 1.19명에 비하면 세 배나 높았지요. 좁은 방에 사람이 모여 있
으면 여러 가지로 힘이 듭니다. 세 사람당 담요 하나가 지급되었
는데 가슴에서 무릎까지 덮을 수 있는 크기였습니다. 여옥사에는
바닥에 가마니를 깔았습니다. 사람에 비해 담요가 적다 보니 겨울
에는 추워서 동상에 걸렸지요. 간수들은 수감자가 감방 생활 규칙
을 조금이라도 어기면 여름에는 창문을 닫고 겨울에는 창문을 열
어 수감자를 괴롭혔습니다.

견디기 힘든
화장실 냄새

겨울에는 추워서 힘들었지만 여름에는 더위와 함께 온갖 벌레와 냄새 때문에 힘들었습니다. 사람들의 땀 냄새도 힘겨웠지만 무엇보다 화장실 냄새가 견디기 어려웠지요. 일제강점기 서대문형무소에는 감방 내부에 화장실이 없었어요. 특히 독방에 갇히면 외부와 철저히 격리되었기 때문에 용변을 치울 때조차 사람과 접촉하지 못하도록 했습니다. 마룻널 끝부분에 구멍을 내어 그 구멍에 용변을 보고, 밖으로 배출하게 했어요. 바깥에는 사각 용변통을 두어 외부와의 접촉을 차단했습니다. 현재 그 흔적이 세 개의 배출구로 남아 있습니다.[2-11]

잡거방에는 화장실 대신 나무로 만든 통, 흔히 '뺑끼통'이라 부르는 통을 두어 볼일을 해결하게 했습니다. 그러다 보니 냄새가 심하고, 매우 비위생적이었어요. 변을 본 공간에서 밥을 먹고, 잠도 자야 했던 것이지요. 해방 이후 11옥사와 12옥사 등에는 외벽에 별도의 화장실 공간을 만들었지만, 몇몇 옥사에는 여전히 화장실을 두지 않아 1987년 9옥사에 수감되었던 분도 뺑끼통을 사용했다고 합니다.

일제강점기 때는 서대문형무소에 냉난방 시설 또한 없었습니다. 판옵티콘 구조로 감옥을 설계하다 보니 어떤 옥사는 하루 종일 햇빛이 들어오지 않았어요. 바람도 잘 통하지 않았기에 좁은 감방 안의 공기가 너무 나빴지요. 여름철에는 감방 안에 온갖 가스가 가득 차기도 했습니다. 그래서 가끔 감방 안에 물을 뿌렸다

2-10
12옥사 징벌방(먹방)

2-11
독방의 용변 배출구

고 해요. 감방에 햇빛이 들고 바람이 통하도록 하기 위해 복도 위쪽 천장에 작은 환기창을 설치하기도 했지만, 큰 효과가 없었습니다. 그래서 차라리 추운 겨울을 보내는 것이 여름철을 지내는 것보다 나았습니다.

감방의 나쁜 환경은 1987년 서대문형무소가 이전할 때까지도 별달리 개선되지 않았습니다. 현재 개방 중인 11옥사와 12옥사는 그때의 모습을 그대로 보여 주고 있습니다.

감옥 안의
폭력

일제강점기 서대문형무소에서 간수를 지낸 권영준의 회고에 따르면 감방 안에서 잔인한 폭력행위가 자주 일어났다고 합니다. 서대문형무소에는 독립운동가뿐만 아니라 강도, 살인, 사기 등으로 들어온 일반 범죄자들도 있었지요. 이들은 힘든 감방 생활의 스트레스를 풀기 위해 다른 수감자를 괴롭히기도 했습니다. 대표적인 것이 새로 감방에 들어오는 수감자를 괴롭히는 행동, 이른바 신고식입니다. 학춤, 원숭이걸이, 알자기, 밀골 등의 은어로 통했던 벌이 있었습니다. 개인이 사사로이 주는 벌이었지요. 학춤이란 두 손을 등위로 묶어 대들보에 매달고 종아리를 때리는 것입니다. 다른 벌은 이 보다 더 심했다고 합니다.

마왕이라는 고참 수감자와 갖가지 직책을 가진 부하들도 있었습니다. 이들이 동료 수감자의 물품을 빼앗기도 했고요. 여옥사에서도 마녀왕이라 불리는 고참 수감자와 부하들이 새로 들어온 수감자가 예쁘면 예쁘다는 이유로, 미우면 또 밉다는 이유로 집단 폭행을 가했습니다. 특히 부잣집 출신 여자는 더욱 심하게 곤욕을 치러야 했지요.

고참 수감자들은 남들을 괴롭히면서 이를 즐겼다고 합니다. 감옥 밖에서 겪었던 괴로움을 감옥 안에서나마 풀어 보려는 속셈이었을 것입니다. 감옥 안에서 일어나는 폭력은 죄수들 사이에 계급을 만들었습니다. 간수들은 질서를 세우기 위해서라는 핑계로 이를 모른 척하고 도리어 이용했습니다.

타벽 통보법
배우기

서대문형무소도 사람이 사는 곳이었습니다. 아무리 힘들더라도 뜻이 맞는 사람과 대화하면 힘이 나기도 하지요. 수감자들도 서로에게 안부를 묻고 대화도 나누고 싶어 했습니다. 하지만 일제는 다른 방 사람들과 대화하지 못하게 막았어요. 그래서 수감자들은 일제의 감시를 피해 이웃한 감방 수감자와 대화할 수 있는 '타벽 통보법'을 만들었습니다. 타벽 통보법은 독립운동가들이 형무소 벽을 두들겨 의사를 전달하는 방법이었습니다.

1932년 5월 중대 정치범만을 가두는 특수 감방이 72개나 있는 구치감을 볼까요? 4동 5호실에는 여운형, 6호실에는 김정련, 7호실에 안창호, 8호실에 오동진이 수감되어 있었습니다. 빛이 들지 않는 비좁은 독방에는 조그만 똥통이 하나 놓여 있을 뿐이에요. 겨울엔 얼음 창고 같았고 여름에는 한증막 같아 피부병으로 고생하는 이들은 옆방 사람들과 몰래 소통하며 쌓였던 울분을 풀고 서로 의지할 수 있었습니다. 그런데 소통하려면 타벽 통보법을 배워야 합니다.

여운형과 안창호는 외국에서 오래 생활하다 와서 감옥 사정을 몰랐어요. 여운형은 구치감 옆방에 있던 김정련에게 타벽 통보법을 배웠습니다. 7호실 안창호도 6호실 김정련에게 타벽 통보법을 배우고 있었지요. 배울 때는 매우 조심해야 했습니다. 그런데 구치감 바깥으로 순찰 중이던 간수에게 들키고 말았어요. 만약 몰래 암호로 소통한 사실이 발각되면 두 사람은 계호계로 끌려가 팔과 다리가 부러지고 눈알이 빠지도록 매를 맞아야 했습니다. 또 두 손이 뒤로 묶인 상태로 수갑을 채우고, 발에는 무게가 다섯 관^{약 3.75킬로그}이나 되는 철제 땅방울을 달고 식사량을 3분의 1로 줄이는 벌을 받게 되지요. 동시에 2~3년의 추가 형기까지 받아야 했습니다.

그때 김정련이 얼결에 똥통을 걷어차서 뒤집어쓰고 감시 구멍으로 들여다보는 간수에게 두 손으로 똥을 퍼서 확 뿌리며 미친 척을 했어요. 들어오려던 일본인 간수가 똥 벼락을 맞고 놀라 "이놈이 미쳤다!"고 소리를 질렀습니다. 김정련은 계호계로 끌려가 두들겨 맞았습니다. 미친 사람 취급을 받아 철제 땅방울을 달고 수갑을 뒤로 차고 3주일 동안 비참하게 지내다가 제정신이 든 것을 인정받고 다시 감방으로 돌아왔지요. 그의 희생 덕분에 안창호는 벌을 받지 않았습니다. 안창호는 눈물로 그를 위로했습니다. 하지만 김정련은 안창호가 무사한 것을 다행이라 생각하고 오히려 기뻐했다고 합니다.

교도소에
갇힌다는 것

        2018년에 대학생 3,656명을 대상으로 독특한 조사를 했습니다. '10억을 주면 1년 정도 교도소 생활을 할 수 있는가?'라는 질문이었는데 51.39퍼센트가 동의한다고 응답했어요. 하지만 교도소에서 보내는 시간이 어떤 의미인지 안다면 돈을 준다고 해서 교도소에 가겠다고 대답하기는 어려울 것입니다.

    교도소에 갇히는 일은 단지 이동의 자유만 뺏기는 것이 아닙니다. 가족, 친구, 이웃과 떨어져야 하고 갖고 싶은 것, 하고 싶은 것, 먹고 싶은 것을 대부분 포기해야 하지요. 일상생활의 변화, 비좁은 공간, 문화적 충격, 경제적 어려움, 가족의 지지 상실, 소유물의 상실, 감옥 안에서의 온갖 폭력 등이 기다리는 일입니다. 따라서 교도소에 수감되는 것은 엄청난 심리적 충격을 주는 사건입니다. 감옥에 갇히면 스트레스, 우울증, 공포증, 불면증, 분노 등 온갖 정신 질환을 앓게 됩니다. 또 출소 후에도 좁은 곳에 갇히면 공황 상태를 느끼기도 하며 여러 후유증에 시달리기도 해요. 특히 죄가 없는 사람이 체포되어 감옥에 갇히면 수치심까지 생깁니다.

    일제에 나라를 빼앗긴 것도 억울한데 정당한 독립운동을 했다는 이유로 형무소에 갇힌 분들은 얼마나 괴로웠을까요? 게다가 모진 고문까지 받았다면 생지옥이 아니었을까요? 그럼에도 그곳에서 자신의 의지를 굽히지 않고 출소 후 다시 독립운동에 매진한 분들이 참으로 존경스럽기만 합니다.

5

강제로 일했던
수감자들

'징역살이'의
시작

12옥사에서 나오면 지금은 주차장으로 이용
되는 넓은 공간이 나옵니다. 일제강점기에는 이곳에 공장 건물이
12개나 있었습니다. 일제는 공장에서 생활에 필요한 물품이나 전
쟁 물자 등을 만들기 위해 수감자들에게 강제 노동을 시켰거든요.
'징역살이'라는 말을 들어 보았나요? '징'은 벌을 내린다는 뜻이
고 '역'은 일을 시킨다는 뜻으로 일제강점기에 사용하기 시작한
말입니다. 초기에는 감옥에 갇힌 사람 가운데 27퍼센트 정도에게
만 작업을 시켰습니다. 하지만 나중에는 병이나 사고 때문에 쉬는
사람을 제외하고 대부분에게 일을 시켜 1919년 말에는 수감자의
96퍼센트가 강제로 작업했습니다.

수감자들에게 강제로 시킨 노동은 종이 만들기, 베 짜기, 재
봉, 가구·구두·벽돌 만들기, 돌 세공, 논밭 갈기 등 다양했습니
다. 여운형은 대전형무소에 수감되었을 당시 하루 종일 쭈그리
고 앉아 어망을 만드느라 소화불량과 신경통, 치질이 생겼습니
다. 마포에 있던 경성형무소에서는 기와와 벽돌, 종이 등을 만들

었지요. 서대문형무소역사관 안에서 보이는 빨간 벽돌은 경성형무소 수감자들이 만든 것이라고 합니다. 빨간 벽돌 가운데에 서울을 나타내는 경京이라는 글자가 쓰여 있는 것을 확인할 수 있지요. 1987년 서울구치소가 이전하면서 빨간 벽돌이 많이 없어졌지만 지금도 형무소 건물과 마당에서 일제강점기 때 만든 벽돌을 볼 수 있습니다.[2-12]

　서대문형무소에서는 주로 옷감과 의복을 만들었습니다. 일제는 1921년 동력 방적기 20대를 들여와서 수감자에게 강제 노역을 시켰습니다. 전국 형무소의 수감자가 입는 죄수복의 대부분을 서대문형무소에서 만들었지요. 1930년대 이후 일본이 중일전쟁, 태평양전쟁을 일으킨 뒤에는 군에서 쓰는 각종 물품도 만들었고요.

　서대문형무소 수감자들은 산에서 돌을 캐는 채석 작업도 했습니다. 6·10만세운동으로 수감되었다가 1940년대 초 다시 수감된 유명희는 1945년 1월에 채석 작업에 동원되었다가 돌에 맞아 사망했습니다. 고된 작업을 시키면서도 안전은 보장하지 않았던 것입니다. 현재는 서대문형무소에 있었던 공장들이 대부분 헐리고, 11옥사 뒤에 공작사 건물 한 채가 남아 있습니다.

노역에 시달리는
하루하루

　　　한겨울에는 7시간 반에서 8시간 반, 봄가을에는 9시간 반에서 10시간, 여름에는 11시간 이상 작업해야 했습니다. 겨울 작업 시간이 짧은 이유는 전기를 아끼기 위해서입니

2-12
서대문형무소를 둘러싼 붉은 벽돌(위)
벽돌에 새겨진 글자 '경'(京, 아래)

다. 해가 떨어지면 전등을 켜야 하는데 그 시절에는 전기 생산이 충분하지 못했기 때문에 작업 시간을 줄인 것이지요. 점심시간은 30분이었고, 작업 시간이 길어진 4월에서 8월까지 5개월 동안에만 오전과 오후에 15분씩 휴식시간이 주어졌습니다.

1933년 5월 수감자의 하루 일과표를 볼까요?[2-13] 기상 시간은 오전 5시입니다. 방 정리와 세수, 아침 식사를 하고 공장으로 이동해서 체조하고 조회하면 6시 30분이 됩니다. 이때부터 9시까지 작업합니다. 그리고 15분 동안 오전 휴식 시간이 주어집니다. 9시 15분부터 12시까지 일을 하면, 12시부터 12시 30분까지 점심시간입니다.

12시 30분부터 오후 3시까지 다시 작업하고, 15분간 쉽니다. 그리고 3시 15분부터 6시까지 다시 작업합니다. 하루에 작업하는 시간이 총 10시간 30분이나 됩니다. 6시 이후에 저녁을 먹고 감방으로 이동합니다. 간수가 문을 닫으면 무릎을 꿇고 숨을 고르고, 점검 문이 열리면 경례를 하고 나서 번호를 부르면 대답해야 합니다. 마지막으로 9시 취침을 알리는 간수의 구령에 따라 취침합니다. 주말에 쉰다는 개념조차 없던 시절이므로, 수감자들은 매일 중노동에 시달려야 했습니다.

노동력을 착취한
일제

현재 우리나라 교도소 안에도 공장이 있습니다. 이곳에서 수감자들에게 기술을 가르치거나 노동의 대가로

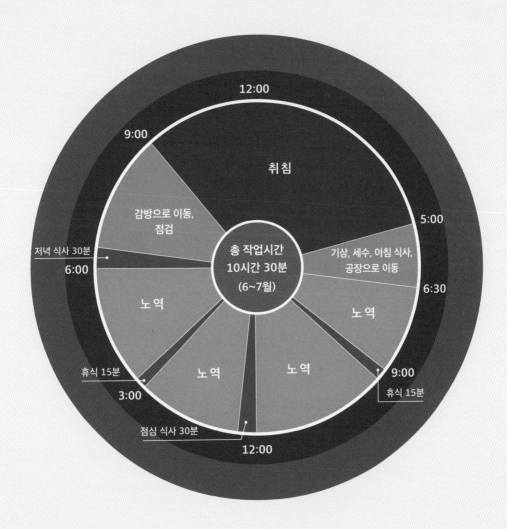

2-13
수감자의 일과표

작업장려금을 지급해 사회에 복귀할 때 도움이 되도록 하고 있지요. 오늘날 교도소에서 수감자에게 일을 시키는 것은 교정, 즉 잘못된 생활습관이나 태도 등을 바로잡아 고치기 위해서입니다.

하지만 일제가 수감자에게 노동을 시킨 것은 교정 목적이 아니었습니다. 그저 노동력을 착취하려는 것이었지요. 일제는 저임금 노동자를 고용해 운영하는 공장처럼 형무소를 운영했습니다. 형무소에서 노역은 노동이 아니라 고역이었고 그 자체가 형벌이었습니다.

수감자들에게 일을 시킨 덕분에 형무소는 큰 수익을 거두었어요. 1930년대 전체 형무소에서 쓰는 비용의 46퍼센트, 1인 비용의 70퍼센트 이상을 수감자들의 노역을 통해 벌어들였습니다. 노동의 대가를 일부 지불하기는 했지만, 일제 말 전시 총동원 체제에 돌입하자 수감자들에게 돌아갈 돈까지 국방 헌금이라며 반강제적으로 거둬들였습니다. 사실상 노동에 대한 금전적인 보상을 하지 않았던 것이지요. 따라서 수감자들은 육체적·정신적으로 이중의 고통을 겪어야만 했습니다.

6

한센병동과 격벽장, 여옥사

한센병이
무서워

공작사 앞에는 11옥사와 10옥사가 있습니다. 두 개 옥사 사이에는 작은 연못이 있어요. 서대문형무소 초기에는 이곳에 사형장이 있었습니다. 현재 11옥사에서는 해방 이후 서대문형무소에 수감되었던 분들에 대해 소개하고 있습니다. 이 내용은 3부에서 다루도록 하겠습니다.

그럼 다시 공작사 옆을 볼까요? 계단 위 높은 곳에 건물이 한 동 있습니다. 이곳은 한센병동으로 한센병에 걸린 수감자들을 강제로 가두기 위해 1923년에 지은 건물입니다.[2-14] 한센병동에는 작은 옥방 2개, 큰 옥방 1개가 있고 온돌이 설치되어 있었다고 합니다.

한센병은 나쁜 환경에서 사는 사람들이 걸리기 쉽습니다. 과거에는 문둥병이라 불렸던 무서운 병이지요. 한센병에 걸리면 손가락 발가락 끝부분이 떨어져 나가기도 하고 코피가 나거나 눈이 튀어나오는 등 신체에 변화가 생기며 일상생활이 어려워집니다.

서대문형무소의 수감자들은 한센병에 걸릴까 봐 매우 두려워했습니다. 한센병은 전염될 수 있기 때문이지요. 수감자뿐만 아니라 자신들이 전염될 것을 염려한 일본인들은 한센병 환자들을 따로 격리 수감했습니다. 전국에 있는 형무소에서 한센병자를 관리하기 어려워지자 전라남도 고흥군 소록도에 한센병에 걸린 사람을 따로 모아 수감했습니다.

해방 후에는 한센병동 건물을 관리 사무실이나 의사가 배치된 의무실로 사용했습니다.

사상범을 격리시킨
격벽장

1921년 일제가 서대문감옥을 1만 2,900평으로 확장하면서 지금은 사라진 2동과 3동 사이에 부채꼴 모양의 운동장이 생겼습니다. 과거에는 없던 획기적인 시설이었지요. 국제법상 수감자는 하루에 한 번 15분에서 30분 정도 운동을 하게 되어 있었기 때문입니다. 격벽장 덕분에 수감자들은 겨우 햇빛을 보고 잠시나마 숨을 쉴 수 있었습니다.[2-15]

일제는 당시 국제법에 따라 격벽장을 만들고 어쩔 수 없이 운동을 시켰지만 격벽장에서 사상범이 다른 사람과 만나는 일만큼은 막고자 했습니다. 일제에 반대하는 사상이 퍼질까 봐 두려워했던 것이지요. 그래서 부채꼴 모양의 벽을 만들고 한 사람씩 들어가 운동하게 했답니다.

격벽장에는 2미터 높이의 벽돌담이 있었습니다. 그리고 부채의 손잡이에 해당하는 곳에 약 1미터 높이의 감시대를 만들었습

2-14
한센병동과 감시탑

2-15
격벽장

니다. 감시대 위에서 한 사람의 간수가 열 명의 수용자가 운동하는 것을 지켜볼 수 있게 만들어진 것이지요. 지금 서대문형무소역사관에 있는 격벽장 단 위에 올라가 보세요. 한눈에 전체를 볼 수 있습니다.

더 힘들었던
여옥사에서의 삶

전체 수감자 중에서 여자 수감자가 차지하는 비중이 높지는 않았습니다. 하지만 여성 독립운동가가 계속해서 늘어나자 일제는 1916년 서대문형무소 안에 여자 옥사를 만들었어요. 이곳은 1987년 파괴되었지만 2007년 도면이 발견되어 20평 크기의 한 개 동이 복원되었습니다. 여옥사 앞의 창고도 2019년에 복원되었지요.

여옥사 안에는 지하 공간으로 출입하는 계단이 있습니다. 지하 공간은 1990년에 발견되었는데 이곳에는 1평도 안 되는 독방이 네 개 있습니다. 원래는 여옥사 바깥쪽에서 지하로 들어오게끔 되어 있었으나 1992년 지하 공간을 복원할 때 안전 문제로 폐쇄하고 나무 계단을 임시로 만들었습니다. 현재 지하 공간은 1층에서 아크릴판을 통해서 볼 수 있어요. 안전 문제로 출입은 금지하고 있습니다. 한 주장에 따르면 감옥 안에서 3·1만세운동을 주도한 유관순 같은 이들을 이 지하 공간에 감금했다고도 합니다. 그리고 지하 공간은 해방 이후 물품 보관 창고로도 사용했다고 합니다.

감옥에서 생활하는 일은 남자들보다 여자들에게 훨씬 어렵다고 해요. 개성에서 3·1운동을 하다 감옥에 갇힌 이애주 열사는 여옥사의 상황을 이렇게 말합니다.

> "20평 남짓한 넓이에 90여 명의 죄수가 거처하는데, 좁은
> 방에 똥통이 7개 되는데도 차례를 기다리는 중에 싸움이
> 벌어지곤 했다. 이곳에서 생기는 가스 냄새와 악취가
> 어찌나 심하던지, 누구나 다 한 번씩 코피를 쏟았다.
> 마룻바닥에 다다미를 깔아 주는 것만이 남자 감방과
> 다르다. 이불은 4명에 하나씩인데, 얼굴을 덮으면 무릎이
> 나오고, 발을 덮으면 가슴까지 나오는 짧은 이불이었다.
> 밥은 콩밥 한 덩이와 소금, 물, 무장아찌 두어 쪽을
> 주었다. 밥을 주기 전에는 꼭 간수가 훈화를 하는데,
> 훈화는 욕지거리에서 시작해 욕지거리로 끝났다."

종종 임신한 여성이 옥사에 수감되기도 했습니다. 1935년 수감된 박진홍이 그러한 예입니다. 박진홍은 감방 안에서 아이를 낳고, 아이 이름을 철창의 한이라는 뜻으로 '철한'이라고 지었습니다. 갓 태어난 아이를 감옥에서 키우는 일은 무척 힘들었어요. 겨울에는 기저귀가 잘 마르지 않아 여자 수감자들이 가슴에 넣고 기저귀를 말려 주기도 했지요. 그런데 일제는 감방에서 아이를 낳고 1년이 지나면 아이와 헤어지게 했습니다. 박진홍도 그렇게 철한과 헤어져야 했습니다. 그 때문일까요? 철한은 2년 만에 죽고 맙니다.

박진홍은 1943년 다시 여옥사 독방에 갇혔습니다. 형무소 식사 배급이 매우 안 좋았던 시기였습니다. 딸의 건강을 염려한 박진홍 어머니의 부탁을 받은 조선인 여간수 조대순이 서너 차례 박진홍에게 미숫가루를 건네주었다고 해요. 이러한 슬픔을 품은 그녀는 가혹한 고문과 전향 요구를 받았지만 끝까지 일제에 굴복하지 않았습니다.

신출귀몰했던
이재유

박진홍이 도와주었던 이재유라는 사람이 있습니다. 일제 경찰의 감시를 귀신같이 피해 탈출해서 일제 경찰이 꼭 잡고 싶어 했던 인물입니다. 1934년 3월 서대문경찰서 고등계 형사실에서 고문과 구타를 받으며 조사받던 이재유는 양심적인 일본인 순사의 묵인 덕분에 서대문경찰서에서 첫 번째 탈출에 성공합니다.

그런데 그가 추적을 피해 담장을 넘어 들어간 곳이 하필 미국 영사관이었습니다. 미국 영사는 이재유를 도둑으로 단정하고 일본 경찰에 넘겨주었지요. 그렇게 다시 잡혔습니다. 이재유는 감시인 두 명에게 감시를 받으며 양손에 수갑까지 채운 상태로 조사를 받았습니다. 그러나 배달된 우유의 양철 병뚜껑과 짓이긴 밥알을 이용해 수갑 내부의 모양을 떠서 열쇠를 만들었고 사물함에서 외투와 마스크, 지폐를 꺼내 놓고 탈출 기회를 노렸지요. 4월 13일 밤 같은 방 피의자가 설사 때문에 당직 경찰과 함께 화장실에 간 사이 그는 서대문경찰서에서 두 번째 탈출에 성공했습니다.

택시를 탄 이재유는 동숭동 경성제국대학교의 교수 관사로 찾아갔습니다. 일본인이자 사회주의자였던 미야케 시카노스케 교수가 그를 반갑게 맞이하고 다다미 밑의 나무 마루 아래 흙을 파서 토굴을 만들어 그곳에 이재유를 숨겨 주었지요. 이재유는 미야케 교수가 체포될 때까지 38일간 토굴에 숨어 지냈습니다. 경찰이 그 집을 샅샅이 뒤지고 떠난 후에야 토굴에서 나와 사라졌습니다. 이재유를 숨겨 준 미야케 교수는 서대문형무소에 수감되었습니다.

그로부터 2년 8개월이 지난 1936년 12월 25일, 이재유가 창동역 부근 야산에서 일본 형사 60명에게 체포되었습니다. 경찰서에서는 두 번이나 탈출했지만 형무소에서는 탈옥하지 못했어요. 그는 1930년부터 1932년 말까지 서대문형무소에서 3년간 감옥 생활을 한 후, 1937년 두 번째로 수감되었습니다. 1942년 9월 12일에는 형벌 집행 기간을 다 채웠음에도 비전향자라는 이유로 출옥하지 못했습니다. 일제가 법조차 무시하고 이재유를 형무소에 더 가둬 둔 것이지요. 그는 끝까지 전향을 거부한 대가로 잔혹한 고문을 당해야만 했습니다. 결국 이재유는 1944년 10월 공주 형무소 안에서 순국했습니다.

탈옥한 사람이
있었을까?

감옥을 무대로 만든 영화와 드라마가 많이 있지요. 〈빠삐용〉, 〈쇼생크 탈출〉, 〈프리즌 이스케이프〉, 미국 드라마 열풍을 일으킨 〈프리즌 브레이크〉까지. 모두가 탈옥을 주제로 한 영화입니다. 그렇다면 일제강점기 때는 탈옥수가 없었을까요?

서대문형무소의 정문과 그와 연결된 앞쪽 담장은 위압감을 주기 위해 벽돌로 지었습니다. 게다가 높이 솟은 망루는 수감자들이 탈옥을 포기하도록 만듭니다. 하지만 서대문형무소가 처음 지어질 때는 그렇지 않았다고 해요. 일부 담장은 판자벽으로 만들어져 있었고, 두꺼운 나무판자를 이중으로 붙인 뒤 통나무로 담을 받쳐 놓기도 하는 등 보기에도 엉성한 곳이 많았어요. 그래서 서대문형무소에서는 수감자들을 시켜 벽돌을 굽고 틈틈이 담장을 고쳤습니다. 담장의 감시소에서는 총을 멘 보초들이 근무했습니다. 하지만 아무리 보초가 있었다고 해도 감옥 담장이 이렇게 엉성했다면 탈옥이 가능하지 않았을까요?

1919년 3·1운동 이후 서대문감옥에 수감자가 급격히 늘어났어요. 일제는 감옥 관리에 어려움을 겪고 있었습니다. 수감자가 많다 보니 방 안에서 큰 소리로 독립운동 연설을 하는 사람, 함께 손뼉을 치며 공감하는 사람도 있어서 통제하기 어려웠지요. 서대문형무소 앞과 뒤쪽인 인왕산과 안산 봉우리에 독립운동가가 올라가서 낮에는 태극기를 흔들고 밤에는 봉화를 올리며 수감자를 선동하는 일이 한 달 이상 계속되었고요. 그러자 서대문형무소에서는 서대문 우체국 부근에 있던 일본군을 형무소 앞으로 불러들 였습니다. 일본군이 감옥 바깥 건물에 주둔하고, 군인들이 두 차 례나 감옥 안을 구경하게 했지요. 이에 감옥 바깥에 군대가 주둔 해 경계한다는 말이 수감자 사이에 퍼져서 탈옥이 일어나지 않았 다고 합니다.

심할 때는 3~4교대로 잠을 자며 열기와 악취에 시달리던 수 감자들이 괴로움에 탈옥을 시도하기도 했습니다. 하지만 간수의 칼에 맞아 실패한 자가 많았어요. 서대문형무소에서 탈출하는 일 은 점점 어려워졌습니다. 서대문형무소에 들어간 수감자는 수없 이 많은 철제문 안에 갇혀 있었지요. 게다가 늘어나는 수감자를 감시하기 위해 관리 인원을 계속 늘렸고, 담장을 더 높게 쌓고 망 루도 여섯 개나 설치했습니다. 수감자가 설령 철제문을 열고 나온 다고 해도, 망루에서 지켜보는 경비병의 눈을 피한다고 해도, 이 중으로 된 담장 때문에 또다시 좌절해야 했을 것입니다.

1923년 신의주형무소 탈옥 사건, 1935년 연길감옥 탈옥사건 등 독립운동가들이 형무소 탈출에 성공하기도 했지만 서대문형 무소에서는 탈옥에 성공한 사례가 없었습니다.

7

한이 서린
사형장

지옥의
삼거리

　　　　　서대문형무소 한쪽에는 사형장이 있어요. 사형장 앞쪽 길을 지옥의 삼정목이라고 불렀습니다. 일본어인 삼정목은 삼거리라는 뜻입니다.

　　언제 사형 당하는지 미리 아는 경우도 있지만 갑자기 사형이 집행되기도 했습니다. 사형 판결을 받은 사형수는 운동하러 가거나 면접실로 갈 때 종종 사형장 앞을 지났다고 합니다. 간수가 오른쪽으로 데려가면 사형장으로 가고 가운데로 가면 면접실로, 왼쪽으로 가면 운동할 수 있는 격벽장으로 가는 것이지요. 가족이 면회를 왔다고 불러서 감방에서 나왔는데 갑자기 사형장으로 끌려가기도 했습니다. 그래서 사형장 앞쪽 길이 지옥의 삼정목이라고 불린 것이지요. 사형장 앞길은 공포의 길이었습니다.

통곡의
미루나무

　　사형장 안과 밖에는 미루나무가 있었습니다. 사형장 안의 미루나무는 2017년에 말라 죽어 지금은 그루터기만 남아 있어요. 사형장 밖의 나무는 통곡의 나무라 불렸습니다.[2-16] 통곡의 미루나무는 몇 년 전에 말라 죽었습니다. 이 나무는 1921년 현재의 사형장을 세울 당시에 심은 것으로 알려졌습니다. 그런데 최근 이 나무가 해방 이후에 심어졌다는 사실이 밝혀졌습니다. 독립투사들이 사형장에 들어서기 전 큰 미루나무에 손을 짚고 오열했던 나무는 아니었습니다. 그렇지만 후대 사람들이 조국의 독립을 이루지 못하고 생을 마감해야 하는 그분들의 원통함이 이 나무에 맺혔을 것이라 생각해서, 안타까운 마음에 이런 이름을 붙였던 것입니다. 서대문형무소역사관에서는 2018년 무렵부터 통곡의 미루나무 뿌리에서 자라난 두 그루의 미루나무를 키우고 있습니다. 미루나무가 있던 자리에 그 의미를 되새길 수 있는 안내판을 설치해 놓았고요.

　　사형장에 가기 전에 서대문형무소에서 순국하신 애국선열 165명의 명단이 적혀 있는 추모비를 볼 수 있습니다. 돌아가신 분의 넋을 기리고자 만든 추모비 앞에서 그분들께 감사의 마음을 전하기 위해 잠시 묵념하는 시간을 보내면 좋겠습니다.

2-16
지금은 사라진 통곡의 미루나무와 사형장

크기가 다른
앞문과 뒷문

사형장에는 앞과 뒤에 각각 문이 있습니다. 그런데 두 문의 크기가 다릅니다. 왜 이렇게 만들었을까요? 사형수가 사형장에 들어올 때는 간수들과 함께 셋이 걸어 들어 오기 때문에 문이 크지만, 나갈 때는 간수 둘이 시신을 앞뒤로 들고 나가도 되니까 문이 작습니다. 수감자들은 사형장 출입문을 '고만통'이라 불렀어요. 이 문을 통과하면 모든 일이 고만(끝)이기 때문입니다.

사형장 뒤쪽에는 사형 집행 후 시신을 형무소 밖의 공동묘지로 몰래 버리기 위해 뚫어 놓은 시구문과 굴이 있었습니다.[2-17] 일제가 자신들의 만행을 감추기 위해 이 비밀 통로를 폐쇄했으나 1992년 서대문독립공원을 만들 때 발굴했지요. 입구에서 40미터를 복원했는데 원래 길이는 약 200미터라고 전해집니다. 시신에 구타나 고문의 흔적이 많은 경우나 사형 사실이 알려지면 사회적으로 문제가 생길 우려가 있는 경우, 시신을 받아갈 유족이 없는 경우에는 해부용으로 병원에 보내거나 몰래 공동묘지에 묻었습니다. 또 2년이 지나도 가족이 나타나지 않으면 화장해 버렸습니다.

어떤 사형수

이야기

해방 이후에도 서대문형무소는 구치소 역할을 했습니다. 따라서 사형수와 미결수가 만나는 경우가 생겼습니다. 1986년 서대문구치소에 수감되었던 분이 사형수와 관련된 이야기를 해주었습니다.

사형수에게 미움을 산 미결수가 있었던 모양입니다. 교도관에게 미리 이야기한 사형수가 교도관과 함께 미결수가 있는 방으로 찾아갔어요. 그리고 방어할 수 있도록 팔로 얼굴을 막으라고 말한 후에, 사형수가 일방적으로 미결수를 때렸고 미결수는 그대로 맞아 주었다고 합니다. 상대가 사형수이기 때문에 그런 행동을 이해해 주었다고 해요.

사형수는 평소에는 다른 수감자와 함께 생활했습니다. 간수가 옥사를 감시하는 곳 옆에 편지를 쓸 수 있는 서신실이 있습니다. 어느 날 그분이 가족에게 편지를 쓰고 있을 때 사형수도 옆에서 같이 편지를 썼습니다. 편지를 쓴 후 감방에 돌아갔는데 갑자기 그 사형수의 번호가 불리더니 교도관과 함께 걸어 나갔습니다. 사형이 너무도 갑작스럽게 집행되어 함께 있던 수감자들도 몹시 놀랐다고 합니다.

수많은 생명을
빼앗다

경성감옥이 처음 설치된 1908년부터 감옥 안에는 사형장이 있었습니다. 사형은 비공개로 진행되었기 때문에 감옥에서도 가장 깊은 안쪽에 배치되었지요. 10옥사와 11옥사 사이 연못이 있는 자리에 있었던 최초의 사형장에는 교수대가 2개나 설치되어 있었고요. 일제는 1910~1945년 사이에 서대문, 평양, 대구 세 곳의 형무소에서 1,071명을 사형했습니다. 1910년대에만 거의 절반에 해당하는 484명을 사형했지요. 한국인에게 공포심을 주기 위해 이 시기에 사형을 자주 집행했던 것입니다. 많게는 하루 10명이 서대문형무소에서 사형당했습니다. 1908년부터 1945년까지 서대문형무소에서 사형당한 사람은 최소 493명이나 됩니다.

현재 서대문형무소역사관에 남아 있는 사형장은 1921년 무렵에 옮겨 지은 것입니다. 1922년 서대문형무소에 옥사를 더 많이 짓기 위해 사형장부터 옮긴 것이지요. 사형장은 지하 1층, 지상 1층으로 구성된 일본식 목조 건물입니다. 일본에도 이런 목조 건물이 흔치 않아 목조 건물을 연구하는 사람들이 일본에서 오기도 합니다. 사형장과 보안과 청사 건물은 100년 전에 지어진 건물로 현재 사적으로 지정되어 있습니다.

사형장 1층에는 교수형을 집행하기 위해 여닫는 마루판과 교수형에 쓰는 줄, 가림막 뒤쪽에 마루판을 내리는 레버 장치가 있습니다. 마루판 아래의 지하실은 시신을 수습했던 공간입니다.

2-17
사형장 교수대와 시구문

사형장은 5미터 높이 담장으로 둘러싸여 외부와 격리되어 있었습니다. 사람을 죽이는 곳인 만큼 서대문형무소 안에서도 보이지 않게 막았던 것입니다. 사형장 안으로 들어갈 때는 간수 두 명이 사형수 양옆에서 사형수의 팔을 끼고 들어갔습니다. 사형수는 의자에 앉아 있고 사형수 앞에는 형무소장, 검사, 교회사 등이 입회합니다. 일제강점기에는 일본 승려인 교회사가 염불을 했습니다. 검사가 마지막으로 남기고 싶은 말을 하라고 합니다. 그 후 얼굴이 가려지고 사형수의 목에 밧줄이 걸립니다. 죄수 가림막 뒤쪽에 있는 레버를 당기면 의자 밑 마루판이 떨어지면서 의자도 함께 떨어집니다. 그러면 마루판 아래 지하실로 내려가 시신을 수습합니다. 10분 정도 기다리고 나서 의사가 맥을 짚어 죽음을 확인하면 5분 더 기다리고 나서 간수들이 시신을 들고 지하실에서 나와 사형장 뒤쪽 문으로 나왔습니다.

소름 끼치는
넥타이 공장

"보기에 섬뜩한 것은 교수대인 마루 뚜껑이 아니라, 그 위에 늘어져 있는 굵은 밧줄이다. 밧줄은 교수대 아가리 위에서 구렁이처럼 늘어져 있다. 일제강점기 때부터 반세기 이상 애국자, 항일 독립투사, 강도, 살인범, 간첩 등등 수많은 사람의 목을 옭았던 밧줄치고는 조금도 낡고 때 묻지 않았다."

1961년부터 1964년까지 서대문형무소에 수감되었던 양수정은《하늘을 보고 땅을 보고》라는 책에서 사형장의 교수대를 이렇게 묘사했어요. 일제강점기에도 그러했지만 해방 후에도 사형장은 '넥타이 공장'이라 불렸습니다. 밧줄에 목을 매어 죽인다고 해서 붙여진 별명입니다.

사형이 확정되어도 보통 사형수의 일상은 평소와 다름없었습니다. 다만 집행 당일 교도관이 불러내면 대부분 자신이 죽으러 간다는 것을 금방 눈치 챕니다. 평소와 달리 군데군데 경비 교도관이 서 있고 일반 죄수들의 왕래가 드물기 때문이지요. 사형장으로 가는 날 아침에는 사형수들에게 특식이 주어졌기 때문에 주변 동료들도 사형수가 사형당하는 날을 미리 알았다고 해요. 사형수가 감방에서 사형장으로 끌려갈 때면 주변에서 만세 소리나 노래를 불러 이별하는 마음을 표현했다고도 합니다.

사형수 10명 가운데 7~8명은 털썩 주저앉아 몸부림을 치고, 침착하던 죄수 역시 사형장 문 앞에 이르면 마지막으로 하늘을 보고 땅을 보며 분노하기도 합니다. 가누지 못하는 몸을 교도관이 떠받혀 집행장에 들어서면 교도소장이 확정된 판결문을 읽은 뒤 유언하게 합니다. 이때 판결문을 거듭 읽어 줍니다. 사형수에게 죽는 이유를 확인시켜 주는 것과 더불어 집행하는 직원들에게 심리적 위안을 주기 위해서입니다.

민족의 슬픈 사연이
아로새겨진 곳

사형장은 대낮에도 우중충하여 귀신이 나올 듯한 느낌을 줍니다. 2000년 초반에는 사형장 뒤쪽 깨진 유리창 사이로 사람의 형상이 촬영되었다는 제보로 귀신 소동이 벌어진 적도 있었습니다. 사형이 집행된 다음 법원에서 무죄가 밝혀진 분도 있었고, 누가 봐도 억울하게 사형 선고를 받아 죽임당한 분도 많았습니다.

침략의 원흉 사이토 마코토 총독에게 폭탄을 던져 민족의 원한을 씻어 보려던 강우규 의사, 독립군 사령관이었던 오동진 투사, 이승만 대통령의 정적이었던 조봉암을 비롯해, 박정희 대통령을 쏜 김재규도 1980년 5월 24일 이곳에서 사형 당해 세상을 떠났지요.

사형수를 가까이에서 본 양수정은 "교수대의 밧줄이며 마루 뚜껑이며 지하실 하나하나에 우리 민족의 슬픈 사연이 담뿍 아로새겨 있는 듯싶다"고 했습니다.

3부 · 민주화운동과 서대문형무소

1
해방된 조국의
친일파들

1908년에 만들어진 서대문형무소는 1945년 해방을 맞이하면서 새롭게 바뀌게 됩니다. 일본인 소장과 간수 들이 물러나고, 독립운동가들이 풀려났습니다. 서대문형무소를 운영하는 사람들과 수감된 사람들도 크게 달라졌지요. 1908년부터 1945년까지를 서대문형무소의 1기로 본다면, 1945년부터 서대문형무소가 이전하는 1987년까지를 2기로 볼 수 있습니다. 1기가 37년간이라면 2기는 42년간입니다. 현재 서대문형무소역사관 11옥사에는 민주화운동 때문에 수감된 사람들을 소개하고 있습니다. 2기 역사에서 가장 중요한 분들이지요.

3부에서는 서대문형무소역사전시관에서 다 다루고 있지 못한 서대문형무소 2기 이야기를 깊이 풀어 보고자 합니다.

일본,
드디어 항복하다

1945년 8월 6일에는 히로시마에, 8월 9일에는 나가사키에 원자폭탄이 떨어졌습니다. 일본은 마침내 미국에 항복했습니다. 8월 10일 무렵 일왕이 항복을 선언할 거란 계획이 흘러나오자 일제는 형무소 안의 수감자를 어떻게 처리할지 계획하게 됩니다. 1945년 8월 15일 저녁, 조선 총독부는 일본이 항복했으니 강도, 살인, 강간 범죄를 저지른 사람을 제외하고 대부분의 수감자를 모두 풀어 주라고 전국 형무소에 지시합니다.

8월 16일부터 수감자들이 풀려나기 시작했고 일본인 간수들이 하나둘 사라졌습니다. 형무소의 경비가 약해지니 사형수와 장기 수감자들이 주동해서 형무소 문을 부수고 탈출하는 일도 벌어졌지요. 1945년 8월 기준으로 전국에 있던 수감자 약 2만 900명 중 해방 후에도 계속 갇혀 있던 사람은 2,600명에 불과했습니다.

1945년 9월 8일 한국에 도착한 미군이 다음 날부터 통치권을 행사했습니다. 미군은 남한 지역을 통치하는 기관인 미군정청을 세웠고, 미군정청은 10월 9일 서대문형무소를 시작으로 전국 형무소를 차례로 장악했지요. 8월 15일부터 약 55일간의 혼란기를 거치는 동안 일본인들은 탄압의 증거가 될 공문서를 불태웠고, 형무소 운영비를 나눠 가지고 사라졌습니다.

미군정청은 형무소 실제 업무에 거의 개입하지 않았습니다. 일제강점기 법령 중에 한국인을 차별대우하던 법령을 제외한 나머지는 그대로 두었고요. 새로운 감옥을 만들 수 있는 정치적·경제적 조건이 나빴기에 기존 형무소를 그대로 사용했습니다.

형무소 직원의 절반이 넘던 일본인이 모두 철수했으니 이제 한국인들이 형무소를 운영해야 했지요. 하지만 형무소 운영 경험이 없었던 이들은 일제강점기에 하던 방식을 그대로 따라 했습니다. 미군정은 감옥 사무를 위해 새로운 직원을 뽑게 했지만 일제강점기에 일하던 사람들도 그대로 근무하게 했어요. 새로 뽑은 직원들은 선배들의 행동을 따라 하게 되었습니다. 그 결과 일제강점기의 권위적이고 폭력적인 관행이 지속되었고, 수감자들의 인권은 전혀 개선되지 않았습니다. 일제가 만든 감옥법, 각종 규칙, 관행과 용어 등이 그대로 사용되었지요.

서대문형무소는 1945년 11월 21일 서울형무소로 이름이 바뀌었지만 형무소 운영 방식은 크게 달라지지 않았습니다.

혼란이 만든
범죄자

해방이 되자 일부 친일파를 제외한 모두가 기뻐서 만세를 불렀습니다. 이제는 우리가 독립국가의 주인이 될 것이라고 기대했지요. 하지만 현실은 그렇지 않았습니다. 미군이 들어와 군정청을 설립하고 이 땅의 주인 노릇을 한 것입니다. 38도선 북쪽에는 소련군이 들어가 주인 노릇을 했고요. 1948년 8월 15일 대한민국 정부가 세워질 때까지 해방 이후 3년 동안 혼돈의 연속이었습니다.

일본인이 철수하면서 산업 시설이 가동되지 못해 경제가 크게 어려워졌어요. 게다가 우익과 좌익* 세력 사이 대립이 나날이 심해져 정치도 혼란스러웠습니다. 해방 이후에 모든 것이 좋아질 것이라는 기대와 달리 경제난과 사회적 혼란으로 사람들의 삶이 크게

◆ 역사 키워드

우익과 좌익

우익과 좌익은 반대되는 개념입니다. 우익은 기존 질서를 지키려는 정치적 입장을 가진 사람들을 가리킵니다. 특히 해방 직후의 우익은 자본주의적 시장질서와 서구 민주주의 질서를 따르려는 사람을 말하지요. 좌익은 기존 질서를 변화시키려고 하며 사회주의, 공산주의, 급진주의를 내세우는 사람들을 가리킵니다.

나빠졌지요. 해외에서 귀국한 사람들과 공산당을 피해 북쪽에서 남쪽으로 내려온 사람들로 인해 도시 인구가 크게 늘어났습니다. 하지만 주택과 일자리는 부족했어요. 절도, 상해, 사기, 강도, 횡령 등의 생계형 범죄가 크게 늘어났고, 자연스럽게 형무소에 갇힌 사람이 크게 늘게 됩니다. 1945년 9월에는 남한 모든 형무소의 수감자가 2,600명에 불과했지만 1948년 5월에는 2만 2,329명으로 일제강점기 때보다 더 많아졌습니다. 특히 서울형무소에는 해방 이전보다 두 배나 많은 4,509명이 수감되었지요.

좌우 대립,
수감자를 늘리다

일제강점기 때에는 사상범이 조국의 독립을 위해 일제와 투쟁하는 사람이었어요. 그래서 사람들에게 존경을 받았습니다. 그러나 해방 이후의 사상범은 대한민국 정부의 안전에 위협이 되는 사람들을 가리키는 말로 달라졌습니다.

한국인이지만 일제강점기에 경찰로 활동했던 사람들 중 80~90퍼센트가 해방 이후 보복을 염려하며 숨어 버렸습니다. 그런데 38도선 남쪽에는 우익과 좌익 세력이 있었습니다. 미국은 우익을 지지했기에 미군정에서는 좌익 세력을 제거하기 위해서 경찰이 필요했지요. 그래서 경험이 있는 친일 경찰들을 다시 불러들였습니다.

4·3사건, 여순사건* 등 좌익과 우익이 대립하는 사건이 벌어지는 가운데, 1948년 8월 15일 미국의 지지를 받는 우익 세력에

의해 대한민국 정부가 세워졌습니다. 대한민국 정부는 좌익 세력을 수사하고 처벌했고, 형사와 검사 등은 좌익 세력을 일반 범죄자와 분리해 국가의 안전을 위협하는 사상범으로 다뤘습니다. 간수들도 사상범을 적대적으로 대했습니다.

갑자기 늘어난 좌익 사상범으로 인해 감옥은 포로수용소처럼 바뀌었지요. 1949년 말에는 전국의 수감자가 3만 5,119명, 서울형무소의 수감자는 무려 8,623명이었습니다. 형무소에서 수감할 수 있는 적정 인원의 두 배를 넘었지만 경제적 상황이 매우 나빠 형무소 운영비가 부족했습니다. 시설 개선은커녕 식사도 제대로 줄 수 없었어요. 수감자들은 늘 배고픈 고통에 시달려야 했습니다. 심지어 형무소에서 굶어 죽는 일도 자주 있었습니다.

친일파의
짧은 수감 생활

해방이 된 후, 많은 사람은 일제 강점기에 조국과 민족을 배신하고 일제에 협력했던 친일파를 처벌하기 원했습니다. 하지만 새로운 정부가 구성되기 전까지 가장 중요한 문제로 여겨진 것은 좌익과 우익의 갈등이었습니다. 극심한 좌우 대립은 결국 남북 분단으로 이어졌지요.

1948년 8월 15일 탄생한 대한민국 정부는 좌익 세력 몰아내기, 민주주의 정착, 경제 성장, 남북통일,

♦ 역사 키워드

4·3사건과 여순사건

1947년 3월 1일부터 1954년 9월 21일까지 제주도에서 남조선노동당(남로당) 무장대와 토벌대의 무력 충돌이 일어났어요. 이때 토벌대가 진압하는 과정에서 수만 명의 민간인이 억울하게 희생당했습니다. 이 사건을 4·3사건이라 부릅니다. 제주도민 2,530명이 감옥에 수감되었고, 이들 가운데 70여 명의 여자 수감자는 제주도에 수감 시설이 없어, 서울형무소로 옮겨와 수감되었습니다. 여순사건은 1948년 10월 여수와 순천 지역에서 일어난 국방경비대 제14연대 소속 좌익 군인들이 일으킨 반란 사건입니다.

친일파 청산이라는 중요한 과제를 안고 있었습니다. 1948년 9월 22일 대한민국 정부는 좌우 갈등 때문에 미뤄 왔던 친일파 처벌을 위해 '반민족행위처벌법반민법'을 제정했습니다. 10월 23일부터는 반민족 행위자 특별 조사 위원회반민특위를 구성하고 활동을 시작했지요. 그리하여 민족을 배신하고 일제에 적극 협력한 사람들을 처벌할 수 있게 되었어요. 1949년 1월 반민특위의 활동으로 친일 소설가 이광수, 독립운동가를 잡아들이고 고문했던 악질적인 친일 경찰 노덕술 등이 서울형무소에 수감되었습니다.[3-1]

하지만 이상한 일이 일어났습니다. 반민족 행위자들을 잡아들이는 역할을 친일 경찰이 맡은 거예요. 그들은 대한민국 정부 수립 전부터 이승만을 지지하며 다시 살아날 기회를 노렸습니다. 반민법으로 자신들이 처벌되는 일을 막으려고 한 것이지요. 그 결과 1949년 2월 초대 대통령 이승만이 반민특위 활동을 비난하며 반민법 개정안을 국회에 제출합니다. 이승만은 독립운동가가 아니라 일제에 충성했던 친일파와 친미 기독교 세력을 자신의 지지 세력으로 삼습니다. 그리고 친일 경찰을 자신의 손과 발처럼 이용했지요.

이승만은 노덕술을 일컬어 "경찰의 기술자이며 경험자이므로 그를 제거하고는 국가의 치안을 유지하기 어렵다"면서 반민특위 위원장을 만나 석방을 요구했습니다. 그리고 친일 경찰을 동원해 반민특위 활동을 방해했어요. 결국 1949년 6월 6일 반민특위 활동이 중지되었고 노덕술은 풀려났습니다.

3-1
반민특위 투서함(위)
친일 소설가 이광수(아래)

친일 경찰이 독립운동가를
가둔다고?

해방이 되었으니 조국의 독립을 위해 활동했던 독립운동가들은 합당한 대우를 받아야 합니다. 그런데 해방된 조국에서 경악할 만한 사건이 벌어졌지요. 친일 경찰 노덕술이 일제강점기 시절 일본이 가장 두려워하던 독립운동가이자 의열단 단장인 김원봉을 붙잡아 고문한 것입니다. 김원봉은 이 사실이 너무나 수치스러웠고, 친일 경찰들이 언제 자신을 죽일지 모른다는 것에 위협을 느꼈습니다. 그래서 1948년 4월 남북 협상을 위해 북한에 갔다가 그곳에 남고 말았습니다.

일제의 앞잡이였던 노덕술은 시대가 바뀌자 권력자 이승만의 앞잡이로 활동했지요. 서울형무소에 잡혀 들어갔다가 다시 풀려난 노덕술처럼 대다수 반민족 행위자들이 해방 이후에도 제대로 처벌받지 않았습니다. 그들은 새로운 권력자에게 충성하며 자신들의 권력을 유지했어요. 그리고 친일파 청산보다 공산당 제거, 즉 '반공'을 대한민국 정부의 최우선 정책으로 만들었습니다.

1949년 5월 국회 프락치 사건*이 일어납니다. 이로 인해 독립운동을 했던 김약수, 반민법 제정에 앞장섰던 노일환과 서용길 등 13명의 국회의원이 체포되어 헌병대에 끌려갔습니다. 일제강점기에 독립운동가를 탄압했던 친일 경찰들이 이번에는 헌병대에서 활동하며 이들을 고문했어요. 공산주의 정당인

◆ 역사 키워드

국회 프락치 사건

어떤 목적을 위해 신분을 숨기고 다른 단체에 들어가 활동하는 사람을 '프락치'라고 합니다. 국회 프락치 사건은 1949년 5월부터 1950년 3월까지 남로당의 프락치 활동을 했다는 혐의로 국회의원 13명이 억울하게 검거되고, 법원이 이들에게 유죄를 선고한 사건입니다.

남조선노동당 활동을 했다고 거짓으로 자백하게 했지요. 이 사건 이후에도 이승만에 반대하는 많은 독립운동가 출신 정치인들이 빨갱이라는 혐의를 받고 서울형무소에 갇혔습니다.

해방 이후 잠깐은 친일파들이 수감되었지만 세상이 이상하게 바뀌어 독립운동가들이 또다시 수감되었습니다. 친일 경찰들이 권력의 앞잡이가 되어 활개 치는 세상이 되면서 서울형무소는 일제강점기 때의 서대문형무소로 되돌아갔어요. 해방 후 친일 경찰들이 서울형무소에서 수감자를 잔인하게 고문하며 공산당 활동을 했다고 거짓 자백을 하도록 강요했습니다. 일제가 독립운동가를 탄압하여 한반도를 계속해서 지배하려고 했던 것과 마찬가지였어요. 이승만 정권은 정권에 반대하는 사람들을 탄압하여 권력을 계속 유지하려고 했습니다.

과거사 청산이
필요해

프랑스와 비교하면 우리나라는 친일파 청산을 거의 이루지 못했습니다. 프랑스는 4년 동안의 배신 행위에도 엄격한 처벌을 했는데, 우리나라는 40년[1905~1945] 동안의 친일 행위자에 대한 처벌이 사실상 없었으니까요. 친일파는 처벌받기는커녕 독재 정권을 지지하며 한국의 상류층이 되었지요. 그 결과 을사오적이 나라를 팔아먹어 갖게 된 재산이 세습되었음에도 국가가 되돌려 받지 못하는 상황이 벌어졌습니다. 나라를 팔아먹어도 자손들이 잘 먹고 잘살 수 있고 독립운동을 하면 3대가 가난하

 **프랑스의 과거사 청산**

프랑스는 1940년 6월부터 1944년 8월까지 4년 2개월 동안 독일의 지배를 받았어요. 이때 프랑스에는 독일의 명령을 받는 '비시 프랑스'라 불리는 정부가 들어섰습니다. 이 기간에 독일에 저항 행위를 한 사람과 민간인 등 3만 명의 프랑스인이 살해당하고, 7만 명이 독일 강제수용소에 끌려가 목숨을 잃었습니다.

이후 제2차 세계대전의 상황이 프랑스에 유리하게 기울자 그간 독일에 협력했던 사람들에게 보복하는 방식으로 프랑스의 과거사 청산이 시작되었습니다. 9,000여 명이 재판을 거치지 않고 총살 또는 교수형을 당했습니다. 1944년 말부터 1945년까지 친독 행위를 한 사람을 처벌하기 위해 재판부에서 35만 명이 조사받았고, 12만 명이 재판에 회부되었어요. 그 가운데 9만 8,000여 명이 유죄를 선고받고 3만 8,000여 명이 수감되었습니다. 또한 반역죄나 적과의 내통죄로 처벌하기에는 가벼운 행위에 적용된 국민부적격죄로 4만 9,000여 명이 유죄 판결을 받았습니다.[3-2]

1949년에는 부역자를 용서하고 형벌을 없애 주자는 여론으로 인해 형량이 15년 이하인 국민부적격 처벌자는 자동으로 사면하는 1차 사면법이 1951년에 통과되었습니다. 2년 뒤에는 살인, 고문, 간첩 행위 등 큰 죄를 지은 범죄자를 제외한 거의 전원을 사면하는 2차 사면법이 통과되었고요. 프랑스는 이렇게 과거사를 청산하는 작업을 끝냈습니다.

3-2
프랑스 과거사 청산의 일환으로
삭발을 당하는 여성

게 살 수 밖에 없다는 말도 만들어졌지요.

이런 현실을 바로잡아야 합니다. 바로잡지 못한 채로 미래에 다른 나라에 침략을 당해 또다시 식민지로 전락할 위기에 처한다면 어떨까요? 나라를 팔아먹는 것이 잘 먹고 잘사는 길이라고 모든 이들이 생각하게 되지 않을까요?

대한민국 초대 정부에서 친일파 청산을 제대로 하지 못했기 때문에 친일파 문제는 오늘날까지 문제가 되고 있어요. 과거의 잘못을 지금 돌이키기에 많이 늦은 것이 사실이지요. 친일했던 사람들은 이제 대부분 죽었습니다. 그들의 자손들에게 책임을 물을 수도 없는 노릇입니다.

하지만 친일파의 후손들은 그들의 아버지 어머니가 나라를 팔아먹고 민족을 배신했던 행위를, 당시 상황에서 어쩔 수 없이 그랬다는 변명만큼은 하지 말아야 해요. 아버지 어머니가 잘못한 것은 잘못한 것이라고 분명하게 말해야 합니다. 그것이 진정한 용기이며 자손들이 할 수 있는 올바른 효도일 것입니다.

2

독재 정권의
도구

전쟁 폭력으로
희생된 수감자들

1950년 한국전쟁이 벌어졌어요. 6월 말부터 9월까지 약 3개월 동안 북한군이 서울을 점령했습니다. 서울형무소는 반공과 친미를 했던 사람들을 가두는 장소가 되었어요. 그리고 **인천상륙작전**⁺으로 인해 후퇴하게 된 북한군은 서울형무소에 갇힌 많은 사람을 학살하거나 북으로 끌고 갔습니다. 1950년 9월 28일 서울을 되찾은 이승만 정부는 북한군에게 도움을 준 사람들을 찾아내 서울형무소에 가두고 그들 가운데 867명을 사형시켰습니다.

한국전쟁 때문에 정부가 형무소의 수감자를 돌볼 수 없게 되자 하루에 주먹밥 한 덩어리만 배급되는 날이 흔했습니다. 병들어 죽거나 굶주려 죽는 사람이 하루에도 몇 명씩 생겨났지요.

1948년 남북이 분단된 이후 남한에서는 좌익 수감자들을 사회질서를 무너뜨리는 적으로 생각했습니다. 한국전쟁이 일어난 뒤에는 제거해야 할 대상으로 여겼고요. 반대로 북한이 형무소를 장악했을 때는 우익 수감자가 제거해야 할 대상이 되었지요. 좌우 갈등은 한국전쟁 동안 수많은 수감자를 학살하게 만들었어요. 전쟁이 형무소를 지옥으로 만들었던 것입니다.

권력자의 도구가 된
서울형무소

이승만 대통령은 한국전쟁을 계기로 더욱 강력하게 반공주의를 내세웠습니다. 자신에게 반대하는 사람을 공산당으로 몰아서 잔혹하게 고문했고, 형무소에 가두거나 죽였지요. 과거 일제가 했던 것처럼 경찰과 형무소를 이용해 자신을 반대하는 사람을 처리한 거예요.

1952년 한국전쟁이 진행되는 가운데 부산에서 일어난 **부산 정치 파동**◆, 1954년의 **사사오입 개헌**◆, 1959년의 조봉암 사형 사건 등은 이승만이 죽을 때까지 대통령이 되려고 벌인 일이었습니다. 헌법 질서를 파괴하는 행위였지요. 이승만과 그를 떠받드는 자유당 정권은 민주적인 헌법을 무시하고 영원히 권력을 쥐고자 했습니다. 민주주의가 뒷걸음쳤고, 독재 정권이 국민들을 억압했습니다.

조국은 해방되었지만 형무소는 해방 전과 크게 다르지 않았어요. 서울형무소는 일제강점기 때와 마찬가지로 권력자를 위한 도구로 쓰이며 권력자에 반대하는 사람들의 인권을 탄압하는 장소가 되었습니다.

◆ 역사 키워드

인천상륙작전

1950년 9월 15일, 북한군이 점령하고 있던 인천에서 유엔군과 대한민국 국군이 펼친 작전입니다. 한국전쟁 초기 북한군에게 계속 패배해 경상도까지 후퇴한 국군과 연합군은 낙동강 방어선을 만들어 북한군을 방어합니다. 그리고 반격을 위해 준비한 것이 인천상륙작전이지요. 북한군의 보급로를 차단한 인천상륙작전의 성공으로 국군과 유엔군이 북한군을 물리치고 압록강까지 북쪽으로 진격합니다. 인천상륙작전은 한국전쟁의 판도를 크게 바꿨습니다.

부산 정치 파동

초대 대통령 이승만은 두 번째 대통령도 되고 싶었습니다. 하지만 당시 대통령은 국회에서 뽑았는데 자신을 반대하는 사람이 많다는 것을 알았어요. 그래서 국민이 투표하는 '대통령 직선제'를 만들었지요. 이 법을 만들기 위해 무장한 경찰을 동원해 국회의원을 납치하거나 협박했습니다. 그렇게 국회에서 통과시킨 법으로 이승만은 두 번째 대통령이 될 수 있었습니다.

독재 정권에 반대해
사형을 당하다

♦ 역사 키워드

사사오입 개헌

사사오입이란 반올림의 옛 용어입니다. 그때의 헌법에 따르면 대통령이 3선을 할 수 없었습니다. 그런데 자유당에서 초대 대통령에 한해 대통령 임기가 끝나도 끝없이 연임할 수 있다는 내용을 담은 헌법 개정안을 가져옵니다. 이 개정안은 국회의원 3분의 2의 동의를 받지 못해 통과되지 않았지요. 그러자 자유당에서는 반올림을 하면 동의를 받은 것이라는 엉터리 주장을 내세워 억지로 헌법 개정안을 통과시켰어요. 영구 집권을 위해 헌법마저 마음대로 바꾼 추악한 사건이라고 할 수 있습니다.

야당과 여당

대통령 또는 수상을 배출하지 않은 정당을 야당이라고 말합니다. 반대로 대통령이나 수상을 배출해 권력을 장악하고 정치에 책임을 지고 있는 정당을 여당이라고 합니다.

이승만은 1956년 3대 대통령 선거에서 조봉암과 대결했어요. 최대 **야당***이던 민주당의 신익희 후보가 갑작스럽게 사망하면서 대통령 선거는 자유당 소속 이승만과 무소속 조봉암의 대결이 되었습니다.[3-3] 이승만은 504만 표, 조봉암은 216만 표를 얻었지요. 이승만을 대통령으로 만들기 위해 온갖 부정한 방법이 동원된 선거였습니다. 만약 신익희가 죽기 전 조봉암과 후보를 단일화해서 이승만과 대결했다면, 하다못해 공정한 선거였다면 이승만이 질 수도 있었습니다.

조봉암은 그해 11월에 진보당을 만들었어요. 평화통일론을 주장하며 정당 활동을 했지요. 이승만은 조봉암에게 큰 위협을 느꼈습니다.

이승만과 자유당 정권은 조봉암과 진보당 간부들이 북한과 손을 잡고 정부를 무너뜨리려고 했다는 누명을 씌웁니다. 1958년 1월 국가보안법을 위반했다는 혐의로 이들을 잡아들였습니다. 법원 1심 판결은 조봉암의 간첩 혐의에 대해 무죄를 선고했으나, 같은 해 10월 2심 판결에서는 사형을 선고했습니다.[3-4] 하지만 국민들이 사형 판결에 의심을 품었어요. 그러자 이승만 정권은 야당의 격렬한 반대에도 1958년 12월에 국가보안법을 개정했습니다. 한 사람을 죽이기 위해 법까지 바꾼 거예요. 결국 대법원에서는 조봉암에게 사형을 선고했고, 1959년 7월 30일 조봉암은 다시 판결할 것을 요구했습니다. 그러나 이 요구는 받아들여지지 않았고 이승만 정권은 곧장 조봉암의 사형을 명령했습니다.

1959년 7월 31일 아침, 조봉암은 미리 짐작이라도 한 듯 머리를 말끔히 가다듬었습니다. 평소대로 2301호 번호표가 붙은 모시 바지저고리에 흰 고무신 차림으로 수갑을 찬 채 감방에서 나왔지요. 그는 미리 대기하고 있던 검사와 교도소 간부들에게 인사를 했어요. 집행관이 판결문을 읽는 동안에도 두 눈을 감고 아무런 표정을 보이지 않았습니다. 최후의 말도 간략히 했습니다. 그리고 조용히 죽음을 맞이했습니다.

2011년 1월 20일 대법원은 조봉암 사건을 다시 재판해 무죄 판결을 내렸습니다. 조봉암과 진보당에 내려진 '간첩죄'가 조작된 것임을 52년이 지나서야 제대로 밝힌 것이지요. 자신의 경쟁자를 없애기 위해 사건을 조작하고 법까지 바꾸며 사형까지 시킨 이승만 정권의 행위는 사실상 살인죄입니다. 이처럼 독재 정권에서는 독재자의 욕심으로 죄 없는 국민들이 희생당할 수 있습니다. 그래서 독재 정권이 위험하고 나쁜 것이지요.

3-3

1956년 이승만과 맞선 민주당 신익희 후보 선거 포스터

3-4

1958년 진보당 사건 재판 당시 조봉암

자유민주주의 정부와 독재 정권

자유민주주의는 보통선거에 의해 정당하게 뽑힌 대표자들이 의사 결정을 하는 체제예요. 이 대표자들이 국민의 자유와 인권을 보호하고 행정부, 사법부, 의회 등이 권력을 나눠 서로를 견제하며 헌법의 가치 기준에 따라 국가를 운영하는 정부를 자유민주주의 정부라 말합니다. 반대로 독재 정권은 특정 개인이 삼권 분립의 원칙을 무시하고 국가 권력을 독점하는 정권을 말하지요. 독재 정권은 부정한 선거를 통해 대중의 지지를 받는 것처럼 속이고, 국민의 자유와 인권 보호보다 독재자의 영구적인 권력 장악을 우선하는 정권입니다. 이승만 정권은 여러 차례 부정선거를 저질렀고, 경찰과 군인 등을 동원해 반대파를 탄압하거나 죽였습니다. 또한 헌법의 가치를 무시했으며, 개인의 인권보다 독재자의 권력 장악을 우선한 독재 정권이었지요. 자유민주주의 정부가 아니었습니다.

1972년 박정희 정권에서 만든 유신 헌법 또한 독재 정권을 위한 것이었습니다. 국민의 뜻과 관련 없는 간접선거로 대통령을 뽑았기에 박정희는 영구히 대통령이 될 수 있었지요. 국민의 대표자인 의회의 구성원 가운데 3분의 1을 대통령이 직접 지명했고 나머지 3분의 2만을 국민이 뽑았으니 대통령을 지지하는 정당이 언제나 의회를 지배할 수 있었습니다. 게다가 사법부의 수장인 대법원장까지 대통령이 임명함으로써 3권 분립이 완전히 무시되고 대통령에게 모든 권한이 집중되었어요. 또한 대통령은 헌법에 보장된 국민의 자유와 권리를 일정 기간 정지할 수 있는 긴급조치권을 발동할 수 있어, 헌법을 무시하고 자기 뜻대로 국민들의 행동을 통제할 수 있었습니다.

전두환 정권 역시 간접선거로 대통령을 뽑았습니다. 전두환 정권에서도 대통령이 국회를 해산할 권리를 가졌고 대통령에게 지나친 권력이 집중되어 있었기에 여전히 독재 정권이었습니다.

1987년 민주화를 향한 국민들의 열망으로 탄생한 제9차 개정 헌법은 지금까지도 시행되고 있는 헌법입니다. 대통령 직선제, 삼권분립, 국민 기본권 보장 강화, 지방자치제 실시 등의 내용을 담은 민주화된 헌법이지요. 하지만 현행 헌법이 만들어지기까지 우리나라에는 오랜 갈등이 있었어요. 민주화를 요구하는 국민들과 독재 정권 사이의 갈등이었습니다. 민주주의 국가로 발전하는 과정은 결코 쉽지 않았습니다.

만들어진

범죄자

1960년 3월 15일 이승만 독재 정권이 대통령 및 부통령 선거에서 온갖 부정한 방법으로 선거를 조작하며 정권 연장을 시도했습니다. 그러자 더 이상 참지 못한 국민들이 자발적으로 일어나 4·19혁명*을 통해 이승만 독재 정권을 무너뜨렸지요.[3-5] 야당이었던 민주당이 권력을 차지했고 제2공화국이 탄생했습니다. 민주당 정권은 의원내각제*를 채택하고 국회의원을 참의원과 민의원으로 나눠 뽑는 제도를 실시하는 등 민주정치를 위한 여러 법과 제도

3-5
4·19 혁명에 참여한 시위대(위)
시위로 파괴된 자유당사 출입문(아래)

의원내각제

대통령이 아니라 의회에서 다수당을 차지한 당의 지도자가 수상이 되어 정치를 책임지는 제도를 말해요. 영국과 일본 등이 이 제도를 채택하고 있고, 우리나라는 제2공화국 시기에만 의원내각제가 실시되었습니다.

3선 개헌

1962년에 개정된 헌법에는 대통령이 1차에 한해 다시 대통령이 될 수 있다고 했는데, 1969년 박정희 정권은 장기집권을 위해 3번까지 대통령이 될 수 있도록 법을 개정했습니다.

유신 개헌

1971년 세 번째 대통령에 당선된 박정희는 1972년 10월 군대를 동원해 국회를 해산하고 유신 헌법을 만듭니다. 강력한 독재 정권을 탄생시킨 것이지요. 이 과정에서 야당 국회의원들을 붙잡아 고문하고 언론보도를 통제하는 등 헌법을 무시하고 사실상 쿠데타를 저질렀습니다.

를 실험했지요. 하지만 민주주의의 경험이 부족한 탓에 정치적으로 혼란스러운 시기였습니다.

그러던 1961년 5월 16일 육군 소장이었던 박정희가 쿠데타를 일으켜 권력을 장악했습니다.[3-6] 박정희 정권은 강력한 반공주의를 내세우며 북한의 위협에서 대한민국을 지키겠다고 했어요. 정부가 주도적으로 경제를 성장시켜 대한민국을 잘살게 하겠다는 뚜렷한 목표도 갖고 있었지요. 박정희 정부 시기에 대한민국 경제가 크게 발전했지만 민주주의는 발전하지 못했습니다.

박정희도 이승만과 마찬가지로 **3선 개헌**◆, 유신 개헌◆ 등을 통해 죽을 때까지 대통령이 되려고 했어요. 자신에게 유리한 대로 법을 바꾸고 독재 정권을 만들어 민주주의의 기본 질서를 파괴했습니다. 부정선거를 위해 헌법을 바꾸는 등 국민이 원하지 않은 일을 했지요. 이렇게 해서 국민의 지지를 받지 못하면 중앙정보부나 검찰, 경찰 등이 앞장서서 **공안 사건**◆을 조작하고 발표함으로써 여론을 바꾸고자 했습니다. 조작된 공안 사건 때문에 아무런 죄가 없는 사람이 누명을 쓰고 억울하게 피해를 보는 경우가 많았지요.

한편 1961년 12월 23일부터 서울형무소는 서울교도소로 이름을 바꾸게 됩니다. 형무소에서 교도소로 이름을 바꾼 것은 수감자를 교육해 올바른 길로 이끌겠다는 의미입니다. 하지만 1967년 7월에는 또다시 이름을 바꾸며 서울구치소가 됩니다. 이때부터 미결수만을 전문적으로 가두는 감옥으로 바뀌었습니다. 판결을 받아 형이 확정된 장기수들이 다른 감옥으로 옮겨졌고 서울구치소에는 판결을 기다리는 더 많은 사람이 수감되어 있었지요. 공안 사건과 관련해 누명을 쓴 많은 피해자가 서울구치소의 좁고 더러운 감방에 갇혀야 했습니다.

[표 1-1]을 같이 볼까요? 평범한 일반인이 하루아침에 간첩으로 내몰려 사형당했던 대표적인 사건들이에요. 하지만 이 사건들은 박정희 정권이 자신들의 이익을 위해 조작했던 것임이 밝혀졌습니다. 민주적인 법질서가 확립되지 않았던 독재 정권 시기 대한민국의 어두운 역사입니다.

언론인을 사형시킨
〈민족일보〉 사건

1961년 5월 16일 쿠데타로 권력을 쥔 박정희 소장과 군인들은 공산주의자를 찾아내 제거한다며, 5월 18일 〈민족일보〉 사장인 조용수를 포함한 열 명을 체포했습니다. 〈민족일보〉는 발행된 지 불과 3개월밖에 안 된 신문이었고, 조국 통일을 무엇보다 중요한 가치로 여기는 신문이었습니다. 그렇지만 북한의 김일성을 소련의 꼭두각시로 묘사하기도 하며 북한에 대해서는 비판적이었어요. 그럼

◆ 역사 키워드

공안 사건

국가와 사회의 안전에 위협이 되는 사건입니다. 즉 국가보안법이나 군사기밀보호법을 위반하거나 형법 가운데 내란죄, 외환죄, 군사기밀보호법 위반죄와 관련된 사건을 말해요. 특히 독재 정권 시절의 공안 기관이 민주화운동을 탄압할 목적으로 공안 사건을 조작하는 경우가 많았습니다.

시기	사건 이름	사건 내용	조작한 이유
1961년 5월	〈민족일보〉 사건	〈민족일보〉 사장을 '빨갱이'로 조작해 사형시킴	5·16쿠데타 정당화, 언론사 길들이기
1964년 8월	인혁당 사건	인혁당이 북한의 지령을 받아 학생 시위를 조종했다고 조작	한일 국교 정상화를 반대하는 대규모 시위에 놀란 정부의 여론 바꾸기
1967년 7월	동베를린 간첩단 사건	윤이상, 이응노 등 교민과 유학생을 간첩단으로 조작	7대 국회의원 부정선거에 항의하는 여론 바꾸기
1974년 4월	민청학련 사건	민청학련이 폭력 혁명을 일으켜 공산 정권을 세우려 했다고 조작	유신 헌법에 반대하는 국민 여론 바꾸기
1975년 11월	재일교포 유학생 간첩 사건	조국으로 유학 온 재일교포를 고문하여 간첩으로 조작	유신 헌법 이후 박정희 정권에 대한 반발 여론 누르기

3-6
1961년 5월 16일 쿠데타를 일으킨 박정희

표 1-1
박정희 정권의 간첩 조작 사건

에도 박정희와 군인들은 '5·16쿠데타는 대한민국이 공산화되는 것을 막아 나라를 구하기 위한 정당한 행동이었다'고 선전하고, 언론이 함부로 자신들을 비판하지 못하도록 경고하기 위해〈민족일보〉사건을 일으켰습니다. 결국 조용수는 그해 12월 20일 서울교도소에서 사형당했습니다. 하지만 2008년 1월 법원은〈민족일보〉사건을 다시 재판하고 조용수를 무죄로 판결했습니다.

엉터리로 조작한
인혁당 사건

1964년 6월 3일 전국적인 시위가 일어났습니다.[3-7] 한국 정부가 일본과 국교 정상화를 추진하는 과정에서 일본의 식민 통치에 대한 사과와 배상이 없었기 때문입니다. 분개한 국민들이 한일 국교 정상화는 굴욕적인 것이라며 이에 반대하는 시위를 일으킨 것이지요. 6·3시위에 크게 놀란 박정희 정부는 국민들의 관심을 돌리기 위해 인혁당 사건을 조작합니다.

1964년 8월 중앙정보부는 국가를 혼란하게 만들 계획으로 비밀리에 활동하는 인민혁명당, 즉 인혁당이 북한의 지령을 받고 한일회담을 반대하는 시위를 조종했다고 발표했어요. 그리고 관련자 57명 중 51명을 서울교도소에 가두고 검찰에 넘겨 수사하게 했습니다. 하지만 검사들 가운데 세 명은 범죄 행위 증거가 충분하지 못하다며 검사직을 그만두겠다는 뜻을 담은 사표를 제출했지요. 게다가 중앙정보부가 도예종과 양춘우 등 사건 관련자들에게 물과 전기로 심한 고문을 가한 것이 드러나 사회적으로 큰 비난을 받았습니다. 결국 법원은 도예종, 양춘우 두 명을 제외한 나머지 전원에게 무죄를 선고했습니다. 죄 없는 사람을 억지로 죄인으로 만든 사건이었습니다. 검사들이 사건 수사를 거부하고, 법원이 관련자 대부분의 무죄를 선언할 만큼 말입니다.

평범한 유학생이
간첩이라고?

1967년 6월 8일 치러진 7대 국회의원 선거에서 박정희 정부는 박정희가 소속된 민주공화당 의원을 더 많이 당선시키기 위해서 수많은 부정행위를 저질렀습니다. 그래서 7대 국회의원 선거는 6·8부정선거로 불립니다. 이에 대학생들이 부정선거를 따지고 비판하는 시위를 했고, 박정희 정권은 시위에 가담한 학생을 체포하고 대학교 휴교 조치를 취하며 맞섰습니다.

중앙정보부는 국민들의 관심을 다른 곳으로 돌리기 위해 또 사건을 만들어 냅니다. 1967년 7월에 베를린을 거점으로 한 북한의 '대남 적화 공작단'을 수사한 결과 작곡가 윤이상,[3-8] 화가 이응로 등 194명을 적발했다고 발표한 것이지요. 그리고 윤이상, 이응로를 포함한 많은 교민과 유학생을 서독과 프랑스 등에서 강제로 납치해 데려와 고문했습니다. 이들 역시 수개월간 서울구치소에 수감되었어요. 1967년 12월 재판에서는 34명이 유죄 판결을 받았지만 대법원 최종 판결에서 간첩죄로 인정된 사람은 단 한 명도 없었습니다.

중앙정보부가 조작한 이 사건의 수사 결과 발표로 인해 부정

3-7
6·3시위를 진압하는 경찰

3-8
동베를린 간첩단 사건으로 체포된 세계적인 작곡가 윤이상

선거를 비판하는 시위는 크게 줄었습니다. 중앙정보부의 목적이 달성된 것이지요. 하지만 이 과정에서 억울하게 피해를 입은 사람들이 서울구치소에 갇혀 수개월간 고통을 겪어야 했습니다.

민청학련 사건과
2차 인혁당 사건

1972년 10월 박정희 정권의 영구 집권을 위한 유신 헌법이 만들어졌습니다. 1973년 8월에는 박정희 대통령의 최대 경쟁자였던 야당 지도자 김대중을 일본에서 납치하는 사건까지 벌어집니다. 그러자 학생, 종교인 등이 박정희 정권에 반대하며 민주화를 요구하는 시위를 했어요. 중앙정보부는 국민들의 관심을 돌리기 위해 1974년 4월 240여 명을 체포하고 새로운 사건을 꾸며 냅니다. 전국민주청년학생총연맹민청학련이라는 단체가 인혁당을 비롯한 불순세력의 지시를 받아 민중 봉기를 일으켜 정부를 무너뜨리고 공산 정권을 수립하려 했다고요. 하지만 민청학련이 남한에 공산 정권을 세우려 했다는 증거가 없었지요. 그러자 중앙정보부는 구속된 자들을 마구 고문했습니다. 자신들이 만들어 낸 주모자에게는 사형을 선고하고, 심지어 이들을 변호하던 변호사마저 재판 중에 구속시키기도 했지요.

너무도 엉성한 사건 조작과 무리한 수사, 재판 진행으로 국내는 물론 외국에서도 비난이 커졌습니다. 결국 박정희 정권은 1975년 2월 15일 관련자 대부분을 석방하고, 사형 선고를 내렸던 사람들도 3년이 못 되어 석방합니다. 박정희 정권 스스로 이 사건이 조작되었음을 인정한 것이지요.

하지만 중앙정보부는 인혁당이 민청학련을 뒤에서 조정했다며 추가로 73명을 구속했습니다. 그리고 1차 인혁당 사건에도 관련되었던 도예종을 포함한 8명을 서울구치소에서 사형시켰지요. 게다가 사건을 조작하는 과정에서 고문을 가한 흔적을 숨기기 위해 가족의 동의도 없이 시신을 화장해 버렸습니다.

두 사건은 박정희 정권이 정권에 반대하는 사람들을 빨갱이로 모함하기 위한 조작극이에요. 또한 국가 권력이 개인에게 무차별적인 고문을 가한 인권 탄압 사건이지요. 2005년 이후 재조사를 통해 두 사건의 관련자 모두 무죄임이 밝혀졌습니다.

조국에 배신당한
재일교포 유학생들

1945년 해방되기 전까지 약 200만 명의 한국인이 일본에 살고 있었습니다. 해방 후 대다수의 한국인이 귀국했지만 귀국하지 못한 사람도 있었지요. 또 제주 4·3사건과 6·25전쟁을 피해 제주도와 경상도 등지에서 일본으로 건너간 사람도 많았습니다. 이렇게 일본에서 살게 된 재일교포들에게 남북 분단은 중요한 사건이었지요. 재일교포 사회 안에 북한의 지원을 받는 '조총련'과 한국 정부와 협력관계인 '민단'이 생긴 것입니다.

재일교포들은 자녀를 한국으로 유학 보내기도 했습니다. 하지만 조국은 그들을 반겨 주기보다 이용하려 했지요. 박정희 정권은 국민 여론을 바꾸고 싶을 때마다 재일교포를 간첩으로 조작해서 잡아 가두었습니다. 1975년 11월 22일 중앙정보부는 "북한 괴뢰의 지령에 따라 모국 유학생을 가장하여 남들 몰래 활동해 온 간첩들이 국내 대학에 침투하여 통일혁명당 지도부를 학원 안에 구성했다"면서 이른바 학원 침투 간첩단을 검거했다고 발표합니다. 이때 재일동포 13명을 포함하여 21명이 간첩 및 간첩방조죄로 구속되었고 이들 중 4명이 사형, 나머지는 징역형에 처해졌습니다. 하지만 이들이 간첩이라는 증거가 없었어요.

재일동포 유학생 간첩 조작 사건으로 억울하게 사형을 선고받은 분이 대법원에 다시 판결해 달라고 제출한 '상고이유서'에는 다음과 같이 쓰여 있습니다.

> "마지막으로 나에게 최고형으로 사형을 선고한 1심, 2심
> 판결에 복종할 수는 없으나, 조국의 통일을 염원하는
> 마음으로 걸어온 길에서 25세 학생의 몸으로, 대한민국
> 법률로 최고형을 선고받은 것을 끝없는 영광이라
> 생각하며, 만일 나와 같은 보잘것없는 정치 사상범에게
> 사형을 주어야만 이 나라의 안보가 유지된다면, 나도
> 대한민국의 국민의 한사람으로서 내 나라와 민족을 위해
> 언제든지 나의 청춘과 생명을 바칠 용의가 있음을 여기에
> 밝히는 바입니다. – 1977. 1. 26"

일본에서 차별받는 것도 서러워 부모님의 나라를 찾아온 청년들에게 조국이 준 것은 간첩 누명과 사형 선고였습니다. 이 사

건은 35년 만인 2010년 다시 재판하여 무죄가 선고되었어요. 이때 재판부는 이렇게 말했습니다.

> "국가가 반정부 세력을 억누르기 위한 정권 안보
> 차원에서, 일본에서 태어나 자란 피고인이 한국어를 잘
> 못해 충분한 방어권을 행사할 수 없는 것을 악용하여
> 재일동포라는 특수성을 무시하고 오히려 공작 수사의
> 희생양으로 삼았다. 우리 재판부는 권위주의 통치시대에
> 위법, 부당한 공권력의 행사로 심대한 피해를 입은
> 피고인에게 국가가 범한 과오에 대해 진정으로 용서를
> 구한다."

서대문형무소역사관에서는 2016년 8월 14일 억울한 누명을 쓴 재일동포 유학생들이 수감되었던 11옥사 감방에 재일동포 양심수 역사전시실 문을 열었습니다. 저는 11옥사를 해설할 때면 2평 남짓한 이곳 전시실만큼은 꼭 둘러보시라고 권합니다. 전시실 대문에는 이 사건의 진실을 다룬 《조국이 버린 사람들》의 저자이신 언론인 김효순 님의 글이 적혀 있습니다. 그 가운데 다음 내용이 너무 가슴 아픕니다.

> "…… 유학생들은 동포의 따뜻한 손길을 느껴보기는커녕
> 어느 날 갑자기 공안 기관에 끌려가 '강압수사'를 받았다.
> 극형을 선고받고 길게는 거의 20년에 이르는 기간을

철창 안에서 썩어야 했던 이들의 청운의 꿈이 짓밟힌
것은 말할 것도 없고 가족이나 친지들이 당한 고통도
처절했다. 조국을 찾았다가 생지옥을 겪었던 사건 당사자
가운데 일본에 돌아가 귀화한 사람들이 나온 것도 감출
수 없는 비극이다. 다행히 각종 과거사 진상규명위원회의
활동을 토대로 2010년대부터 재심을 통한 무죄 판결이
속속 나오고 있지만, 당시 수사를 지휘했던 공안 기관의
상층부나 일선 수사관이 고문이나 사건 조작 여부에 대해
스스로 책임을 인정한 사례는 없다. ……"

2019년 6월 문재인 대통령이 재일동포 간담회에서 이 사건
에 대한 공식적인 사과를 했습니다. 하지만 진정으로 사과해야 할
사람들이 아직까지도 침묵하고 있으니 너무도 부끄럽습니다.

새로운 독재 정권의
등장

1979년 10월 26일 중앙정보부장 김재규가
박정희를 총으로 쏘아 죽임으로써 박정희 정권은 종말을 맞이합
니다. 국민들은 드디어 민주화된 정부가 탄생하리라 기대했지요.
하지만 전두환 보안 사령관을 중심으로 한 신군부가 그해 12월
12일 쿠데타를 일으켰습니다. 전두환과 신군부 세력은 1980년
5월 18일 광주에서 일어난 민주화운동*을 공수부대를 파견해 진압
하며 국민의 민주화 요구를 억압하고 새로운 독재 정권을 탄생시

킵니다. 전두환은 간접선거로 대통령에 당선된 뒤 왕처럼 군림했습니다. 그는 김대중, 김영삼, 김종필 등 영향력을 가진 사람들의 정치 활동을 금지했고 언론을 통제하며 학생들의 민주화 시위를 폭력으로 진압하는 등 정권에 반대하는 사람들을 철저히 탄압했습니다.

◆ 역사 키워드

5·18민주화운동

광주를 중심으로 전라남도 지역에서 신군부의 집권 음모를 비판하고 민주주의 실현을 요구하며 전개된 운동입니다. 민중들이 일으킨 운동이지요. 이때 군인과 경찰 등에 의해 수백 명이 죽고, 수천 명이 부상당했습니다. 2017년에 상영된 〈택시운전사〉는 언론 보도가 철저하게 통제되는 속에서도 5·18민주화운동을 전 세계에 보도한 독일인 위르겐 힌츠페터 기자와 그를 도운 한국인 택시 기사의 이야기를 다룬 영화입니다.

3
**민주화를
꿈꾼 사람들**

서대문형무소역사관 11옥사에서는 민주화운동가를 소개합니다. 민주화운동가란 이승만, 박정희, 전두환 정부의 억압과 독재 권력에 대항했거나 독재 권력의 사건 조작으로 희생된 사람들이라고 할 수 있습니다. 그 가운데 제가 꼭 알리고 싶은 분들이 있어 소개하려 합니다.

진실을 추구하며 글을 쓴
리영희

리영희는 "글을 쓰는 나의 유일한 목적은 진실을 추구하는 오직 그것에서 시작하고 그것에서 그친다"라고 말했습니다. 〈조선일보〉 기자였던 그는 1964년 유엔총회에서 "남북한 대표의 동시 초청 및 유엔 동시 가입을 제안하기로 한 결의안이 준비되고 있다"라는 사실을 그대로 보도했는데, 반공이라는 국가 시책에 맞지 않는 보도를 했다는 이유로 중앙정보부에 끌려갔습니다. 그리고 반공법을 위반했다는 죄로 서울교도소에 두 달간 수감되었지요. 1972년에 한양대학교 교수가 된 그는 1977년 발간한 《전환시대의 논리》와 관련하여 반공법 위반으로 다시 서울구치소 3동 상4호 감방에 갇힙니다. 그는 감방을 시체를 넣는 관에 비유하며 진정 인간을 넣어 둘 곳이 아니라고 했지요. 리영희는 다음과 같이 말했습니다.

> "여름에 구더기가 산책하는 감방은, 겨울에 잠을 깨어
> 보면 머리맡의 물그릇이 꽁꽁 얼어 있습니다. 손가락과
> 발가락은 모두 얼어서 진물을 토해 냅니다. 특권을 누리는
> 판사님, 검사님들이 연수 기간이나 임용 전후에 반드시 이
> 관 속에, 또는 관 속이 싫다면 냉장고 속에 하루만이라도
> 들어갔다 나오는 것을 의무화해야 합니다. 그래야
> 국가보안법이나 반공법, 집회시위법이니 하는 법조문의
> 활자보다도 '인간'의 얼굴이 조금은 보일 것입니다.
> 그렇게 될 때 비로소 이 나라 사법부의 권위도 서고,
> 교도소나 형무소가 '사람'을 잡아넣는 곳이 될 것입니다."

감방에서 온갖 고난을 겪었던 리영희는 1980년 5·18민주화운동의 배후 조종자라는 조작으로 구속되어 또다시 서울구치소에 갇힙니다. 그는 다양한 글을 발표해 독재 권력에 끊임없이 저항하며 진실을 추구하는 삶을 살았습니다.

민주주의를 변호한
한승헌

한승헌 변호사는 1967년 동베를린 간첩 사건, 1974년 민청학련 사건을 비롯해 중요한 시국 사건을 변론했습니다. 정부가 조작한 사건을 반박하는 일을 하다 보니 정부의 미움을 받게 되고 1975년에는 반공법 위반으로 감옥에 갇히기도 했지요. 1980년 전두환 정부가 5·18민주화운동의 배후로 유명 정치인인 김대중을 지목하고 김대중 내란 음모 사건을 꾸미며 한승헌 변호사를 함께 가두었습니다. 그럼에도 그는 반독재 민주화 투쟁을 멈추지 않았지요. 시국 사건을 맡아 매번 패소해 패소 전문 변호사라 불렸지만, 언제나 웃음을 잃지 않아 주변 사람들에게 큰 존경을 받았던 분입니다.

민주화운동의 상징
문익환

문익환은 성서학자로서 성경을 현대어로 알기 쉽게 번역하는 사업에 참여했던 사람입니다. 그는 친구인 사회운동가 장준하의 의문사를 계기로 민주화운동에 참여하게 됩니다. 한빛교회 목사였던 그는 59세 나이에 함세웅 신부, 김대중 등과 1976년 3·1민주구국선언에 함께하며 민주화운동에 뛰어듭니다. 문익환은 1980년대 민주화운동 세력의 상징으로, 온 국민이 존경하는 인물이었습니다. 그는 1976년 처음 구속된 이후 1994년 77세로 사망할 때까지 18년 중 11년 3개월 동안 수감 생활을 했습니다. 특히 1976년, 1978년, 1985년 세 차례 서울구치소 독방에서 수감 생활을 했지요. 그는 감방 안에서도 조국의 민주화와 통일을 꿈꾸었습니다.

통일이 되지 않으면 온전한 민주화가 실현되기 어렵다고 생각한 문익환은 통일운동에도 적극적으로 나섰습니다. 분단을 거부하고 1989년 3월 평양을 방문해 김일성 주석과 회담했으며 4·2남북공동성명에 합의했지요. 그러나 귀국 후에는 정부의 허락 없이 북한을 방문한 탓에 또다시 감옥에 갇혔습니다.

2018년 문익환 목사 탄생 100주년을 맞아 서대문형무소역사관에서는 '꿈은 가두지 못한다'라는 제목으로 문익환 목사 감방전을 개최하기도 했습니다. 11옥사 2번 방에서는 한국의 민주화와 통일에 몸바친 문익환 목사를 기념하고 있습니다.

민중의 고통에 함께한
함세웅

함세웅 신부는 1974년 9월 천주교 정의구현전국사제단을 세우고 이때부터 민주화운동에 참여하게 되었습니다. 그는 1976년 3월 1일 명동성당에서 유신 헌법 철폐와 언론 자유 보장을 요구하는 3·1민주구국선언을 발표했어요. 3월 7일 함세웅은 중앙정보부로 끌려갔고 서울구치소에 갇혀서 6옥사 상6방 수인번호 6895로 수감 생활을 합니다. 그가 감옥에 들어가자 감옥에 갇힌 많은 청년 학생이 큰 소리로 "환영합니다!"라고 외쳤다고 해요. 그곳에서 민주화를 원하는 사람들의 커다란 열망

197

을 보았던 것입니다.

함세웅은 1977년 12월 성탄절에 감옥에서 나온 후, 1979년 다시 구속되었습니다. 그는 1987년 6·10민주항쟁을 비롯해 민주주의 역사의 크고 작은 사건마다 늘 민중과 함께했습니다.

"억압 아래에서 인권이 짓밟히고 있는 민중이 있는 모든 곳에 반드시 인간의 존엄과 억압으로부터의 해방을 선포하는 교회의 노력이 있도록 하여야 합니다. 민중의 고통과 슬픔이 있는 그 어느 곳에서라도 그리스도의 몸인 교회가 외면하거나 게으름을 부리는 일이 없도록 하여야 합니다."

김수환 추기경, 지학순 주교, 함세웅 신부 등 천주교 성직자들이 민주화운동에서 차지한 역할은 매우 컸습니다. 특히 명동성당은 종교 시설이라는 특성상 경찰이 함부로 접근할 수 없어서 정권에 맞선 민주화운동가와 사회적 약자들에게 피난처가 되었지요. 민중의 고통을 외면하지 않고 인간의 존엄을 위해 노력한 성직자들의 노력에 감사드립니다.

고문을 견뎌 낸
김근태

11옥사 12번 방에는 문익환 목사가 쓴 시 〈근태가 살던 방이란다〉가 전시되어 있습니다.

근태가 살던 방이란다.

밤새 죽은 듯이 쓰러져 있다가 아침이면 꿈틀꿈틀 일어나

앉아 눈을 빛내던 방이란다.

해파리처럼 풀어지는 몸, 인재근의 고운 얼굴 아른거리지

않았으면

물거품처럼 아주 풀어졌을 몸으로 죽음을 깔아뭉개어

되살아난 근태의 방이란다.

민주주의의 신념이 손톱 끝에만은 남아 있어 곤두 박히는

허무 나락을 쥐어뜯으며 솟구친

서울구치소 병사 10호실 근태의 방이란다.

1986.5.31. 토요일 근태를 이감시키고 그의 흔적을

지우려고 벽돌을 새로 페인트칠을 했단다.

그러나 어쩌리오. 창문 틈에 남아 있는 근태의 손톱

자국을 철창에서 풍겨오는 그의 입김을

푸른 하늘에서 우뚝 솟아나는 근태의 웃는 얼굴을

눈만 감으면 나는 바람으로 풀어져 산하에 펄럭인다.

근태가 휘두르던 민중의 깃발 승리의 깃발로

시에서 인재근은 김근태의 부인이자 민주화운동의 동지입니다. 1971년 박정희 정권의 대통령 부정선거 규탄 시위에 앞장섰던 서울대학교 학생 김근태는 서울대생 내란 음모 사건과 학생 시위를 뒤에서 조종했다는 혐의로 수배를 받아 박정희 정권이 끝날 때까지 7년간 피신 생활을 해야 했지요. 1983년에는 민주화운동

청년연합민청련을 결성해 전두환 정권에 대항했습니다. 민청련 의장이던 김근태는 1985년 경찰에 체포되어 남영동 대공분실에서 물고문, 전기고문 등 온갖 가혹한 고문을 당했고 죽을 뻔한 적이 많았습니다. 그가 고문받은 사실이 알려지면서 독재 정권의 잔인한 모습이 드러나 사람들에게 충격을 주기도 했지요.

김근태는 1987년 민주화의 공로로 로버트 케네디 인권상을 수상하고, 1988년에는 세계의 양심수로 선정되었습니다. 그는 민주화와 인권 옹호, 통일을 위한 노력을 계속했습니다. 그럼에도 노태우 정권에 의해 1990년에 또다시 투옥되었고 2년 3개월간 감옥에 갇혀야 했습니다. 1995년 정치권에 들어가 세 차례 국회의원과 보건복지부 장관 등을 지냈으나, 고문 후유증으로 2011년 64세에 세상을 떠나고 맙니다.

4
민주화운동가의
목소리

1986년 서울구치소에 구속 수감되었던 세 분의 이야기를 취재해 정리했습니다. 그분들의 이야기를 함께 들어 볼까요?

건국대학교에서
구속되던 날

　　　　　　　　1986년 10월 28일 이른 아침 선배 동료들과 함께 건국대학교로 향했습니다. 대통령 선거를 1년 앞둔 전두환 정권이 국민들의 개헌 요구를 잠재우기 위해 매일 공안 사건을 터뜨리며 민주화운동을 하는 사람들을 대대적으로 탄압하고 있었지요. 제1야당인 신민당이 주도해 민주 개헌을 위한 1,000만 서명 운동을 하고 재야와 종교계, 학계 등 각계각층 인사들이 시국 선언과 개헌 서명 운동을 전개하고 있었습니다. 전국의 대학생들도 대규모 투쟁을 전개할 목적으로 '전국반외세반독재애국학생투쟁연합^{애학투련}'이라는 조직을 만드는 행사를 치르기 위해 건국대학교로 모였습니다. 그런데 행사 도중 경찰들이 최루탄을 쏘며 학교 안으로 들어와 고기를 잡듯이 학생들을 학교 건물 안으로 몰아넣었어요. 경찰은 학교를 4일간 포위해 1,525명의 학생을 붙잡았고 여러 경찰서로 나눠 보내 조사했습니다.

"너 어떤 책을 읽었어? 읊어봐."

"《해전사》, 《자구발》 등을 읽었습니다."

"《해방전후사의 인식》, 《자본주의 경제의 구조와 발전》. 겨우, 뭐 더 없어? 좀 전에 S대 녀석은 100권쯤 읽었다고 이야기하던데, K대 출신이 5권이 뭐야. 쪽팔리지 않냐."

"아닙니다. 저도 ……."

"시위는 해. 그런데 잡혀 오지 마. 우리도 피곤하다고. 너 누구 지시로 이곳에 왔어? 지시한 선배가 누구야?"

형사들은 많은 사람을 상대해서인지 학생들을 능숙하게 다뤘습니다. 학생들이 많이 잡혀 온 탓에 경찰도 밤새워 조사 서류를 꾸며야 했지요. 형사들도 시간에 쫓기다 보니 경찰서에서는 몽둥이질로 시작해서 발로 가슴을 걷어차며 끝났습니다. 계속해서 맞다 보니 형사들이 원하는 답에 "네, 그랬습니다"라고 답하지 않을 수 없었습니다.

서울구치소에 갇혀
조사받다

경찰에서 검찰로 사건을 넘기자, 저도 경찰서 유치장에서 나와 서울구치소로 옮겨 갇히게 되었어요. 경찰서에 갇혀서 계속 수사당하고 얻어맞기만 하다가 오랜만에 맑은 하늘이 보이기에 머리를 들어 쳐다봤지요. 갑자기 "여기가 어디라고 고개를 들어" 하는 소리와 함께 교도관이 다가와 몽둥이로 두들겨 팼습니다.

다른 친구들과 함께 줄을 지어 오리걸음으로 보안과 청사 건물에 들어갔습니다. 그곳에서 죄수복으로 갈아입고 수번과 감방을 배정받았어요. 교도관이 신체검사를 하는데, 팬티까지 홀딱 벗기고 뒤돌아서 허리를 숙이게 하고 거기까지 검사했습니다. 그렇게 구치소 수속을 마친 후에 감방으로 들어갔습니다.

감방에는 다른 사건으로 들어온 사람이 4~6명 있었습니다. 거기에 학생 6명이 추가로 들어가게 된 거예요. 3.5평에 불과한 감방에 10명이 넘게 갇히자 감방 안에 있는 것이 매우 답답했습니다. 다행히 추워지기 시작한 11월이라 더운 여름보다 지내기에 나쁘지 않았습니다. 수감된 지 20여 일 동안은 수갑을 차고 포승줄에 묶여 버스를 타고 검찰청에 가서 조사를 받았어요. 검찰 조사는 경찰 조사의 반복이었는데, 검사는 우월 의식이 있어서인지 때리지는 않았습니다. 하지만 수사 외에는 너무 무식해서 《해전사》를 읽었다고 하면 무슨 책인지 전혀 몰라, 설명하는 데 대단히 힘들었습니다.

검찰 조사가 끝난 후에는 재판을 받으러 가야 했습니다. 1987년 3월 1심 재판에서 징역 2년, 집행유예 3년으로 대부분이 똑같은 판결을 받았지요. 그리고 얼마 후 구치소에서 풀려날 수 있었습니다. 하지만 법정에서 "반성하느냐"는 질문에 당당히 아니라고 말하며 "독재 정권 타도하자!"라고 외친 친구는 감방에 도로 갇혔다가 1987년 6월항쟁이 한참 전개되던 6월 17일에 **집행유예***로 겨우 풀려났습니다.

배고프고 추운
구치소 생활

식사는 보리 70~80퍼센트에 쌀이 섞인 밥이 나왔습니다. 반찬으로 두부, 김치 등이 나왔는데 김치는 가락동 김치라고 불렀어요. 농산물 시장에서 막 나르다가 바닥으로 떨어져 사람들에게 밟히고 찢긴 딱 그 모양의 배추가 나왔습니다. 고춧가루도 거의 사용하지 않았고요. 국은 조그만 배식구로 넘겨 주다 보니 먹을 때가 되면 다 식어 버렸습니다. 국은 숟가락을 넣고 같이 먹었습니다. 오징엇국에는 무가 조금 있고, 오징어는 거의 보이지 않았습니다. 강제 노역을 나온 기결수가 음식을 만들었기 때문에 당연히 맛이 없었어요. 그럼에도 경찰서 유치장에서 깡보리밥에 단무지만 먹다가 구치소에서 국과 김치를 받으니까 그래도 많이 먹을 수 있었습니다. 경찰서 유치장에 비하면 구치소는 그래도 살 만했지요. 식

역사 키워드

집행유예

재판과 처벌까지 결정된 상태에서 집행만 뒤로 미루는 것으로, 미뤄진 기간에 죄를 짓지 않으면 선고된 형을 집행하지 않는 제도입니다. 가벼운 범죄자에게 반성의 기회를 주기 위해 마련되었습니다.

사는 플라스틱 수저로 먹었어요. 감방 안에 수도 시설이 없으니까 양동이에 물을 주었는데 세제를 구입해서 수세미로 그릇을 닦아 설거지를 했습니다.

구치소에서 주는 옷은 파란색 죄수복뿐이어서 겨울에 많이 추웠습니다. 여름에는 얇은 옷으로 견딜 수 있지만 겨울에는 밖에서 가져온 옷이 없으면 견디기 어려울 정도였지요. 겨울철에는 복도의 열풍기에서 뜨거운 바람이 나왔지만 복도로 난 창이 작았기 때문에 감방에는 열기가 거의 들어오지 않았습니다.

> "감방에 먼지가 많아서 환기를 시켜야 하는데, 겨울이 되니까 창문을 막아야 했지. 그런데 감옥 안에 먼지가 많았거든. 감옥에서 잡일을 해주는 소지가 비닐로 바람을 막는 공사를 하면서 '먼지로 인한 폐병은 3년인데 얼어 죽는 건 하루야'라고 표현한 것이 아직도 기억나."

> "나는 겨울철에 감방에서 한쪽으로만 자다 보니까 한쪽 어깨에 찬바람이 들어서, 30년이 넘었는데도 이쪽 어깨는 아직도 추위를 타고 있어."

서울 구치소에서 겨울을 나는 일은 이래저래 고생이었습니다.

수감 생활
이모저모

수감 생활에서 가장 힘든 것은 위생 문제였습니다. 11옥사에는 감옥을 증축해 만든 화장실이 있었고,[3-9] 화장실 문을 열면 좁은 변기통이 있었지요. 그런데 독방 수감자들이 있던 9옥사에는 화장실이 따로 없어 플라스틱으로 만든 뺑기통에 용변을 해결해야 했어요. 9옥사 1층 감방 출입문 앞에는 하수구가 지나가는데, 바닥에 나무가 벌어져 삐꺽거렸고 쥐도 다녔습니다. 9옥사 복도를 사이에 두고 왼쪽에는 교통사고를 낸 사람들이 주로 갇혀 있었고, 오른쪽에는 전두환 정권에 반대한 사람들이 독방에 갇혀 있었습니다.

하루에 30분씩 격벽장에 나가 운동을 할 수 있었고 목욕은 한 달에 한두 번 할 수 있었어요. 목욕탕이 9옥사 입구에 있었으며 2평 남짓한 곳에서 뜨거운 물이 나왔습니다. 샤워기가 하나 달려 있었는데 감방에 있는 수건과 비누를 가지고 가서 5분 이내에 씻어야 했기에 바빴습니다.

일제강점기 때 한센병동이었던 곳이 1986년에는 병원으로 사용되었던 것으로 기억해요. 이가 아파서 구치소 안에 있는 병원에 간 적이 있거든요. 간수가 병원까지 따라갔습니다. 귀찮은 표정을 잔뜩 지은 의사가 치료에 아무런 관심도 없다는 태도로 그저 기계적인 답변을 해주었습니다.

감방 안에서 생활할 때는 펜을 주지 않아 매우 답답했습니다. 편지 쓰는 시간은 정해져 있고 편지지도 넉넉하지 않아 하고 싶은 말을 작은 글씨로 적어야 했지요. 편지를 쓴 후에는 펜을 거둬 갔습니다. 나중에는 노트와 볼펜을 주었지만 저녁에 다시 가져가기도 했습니다.

경찰서에서는 면회 자체를 잘 허용해 주지 않았습니다. 구치소에서는 매일 면회가 가능했습니다. 하지만 국가보안법 위반자는 직계가족과 약혼자만 면회를 할 수 있었지요. 면회장으로 가려면 여러 철문을 통과해야 했습니다. 가족들을 만날 때면 미안한 마음 때문에 힘들기도 했고요.

계속되는 투쟁,
똥 뜨기

"내일은 전두환 정권의 4·13호헌조치 철폐를 위한 단식을 합시다."

누군가 앞장서서 방 안에서 투쟁을 하자고 소리치면 화장실 쪽 창문을 통해 다른 옥사에 투쟁할 것을 알립니다. 그리고 다음 날 단식 투쟁을 시작합니다.

"호헌 철폐! 전두환은 물러나라!"

수감자 중 누군가 먼저 구호를 외치면 같은 방 사람들이 모두 일어나서 구호를 외쳐요. 그러면 이웃한 방에서도 함께 구호를 외칩니다. 이렇게 종종 방에서 구호를 외치곤 했는데, 먼저 선창한 사람이 나오면 '동 떴다'고 표현했습니다. '동 뜬다'는 말은 곧 주동자가 된다는 뜻이에요.

같은 방에 있는 일반 수감자들은 왜 밥을 먹지 않느냐고 눈치를 주었지만 아마 학생들을 두고 자기들만 먹기 불편했기 때문일 것입니다. 그 가운데 일부는 학생들의 행동을 지지하며 박수를 보내기도 했지요. 구호를 선창하면 함께 소리를 지르고 숟가락을 두드리거나 플라스틱 베개로 창살을 치면서 다른 방의 호응을 끌어내기도 했습니다.

투쟁을 주동해 동을 뜨면 보안과 직원들이 출동해 팔을 뒤로하고 수갑을 채운 상태에서 포승줄로 손과 다리를 묶습니다. 이렇게 묶어 놓는 것을 '새우 꺾기'라고 합니다. 그 상태에서는 제대로 일어설 수도 앉을 수도 없었습니다. 인간의 존엄을 훼손하는 고문이었지요. 이 상태로 징벌방에 갇혔습니다.[3-10] 징벌방은 먹방이라고도 불렸어요. 먹방에는 복도와 접한 식구통을 제외하고는 공기가 통하는 구멍이 전혀 없어요. 식구통은 문에 달린 작은 구멍인데 여기로 밥을 받았습니다. 먹방 수감자는 식구통에 코를 박고 헐떡거리며 숨을 쉬었습니다. 경력 20년인 한 교도관의 말에 따르면 먹방은 전두환 정권 초기인 1980년대 초에 만들어졌으며 교도소마다 4~5개씩 있었다고 합니다. 포승과 수갑이 채워진 상태에서 한 달 정도 그렇게 밥을 먹고 대소변도 해결해야 했어요. 식사를 주면 개처럼 먹어야 했지요. 여름철에 먹방에 갇히면 더욱 힘들었고요.

권력자들에게
던지는 질문

　　세 분의 이야기가 끝났습니다. 2021년 4월 저는 34년 전 서대문형무소에 수감되었던 세 분과 만났지요. 그 가운데 한 분은 10여 년 전쯤 이곳을 둘러보았지만, 다른 한 분은 서대문형무소 옆 이진아도서관을 매주 이용하면서 한 번도 이곳에 오지 않았다고 해요. "굳이 의식한 것은 아니지만, 발길이 이곳으로 향하지는 않더라"고 말했습니다.

　　민주화를 위해 싸우다가 이곳에 갇혔던 과거 때문에 이후 인생에서 많은 불이익을 당하기도 하셨대요. 하지만 그 당시에는 최선의 삶을 살았다는 당당함이 느껴졌습니다. 특별히 자신들이 용감하거나 무모했다기보다 시대가 학생들을 감방에 갇히게 만들었던 것이라고 담담히 말합니다. 두려웠지만 그냥 옳다고 생각한 길을 꾸역꾸역 갔을 뿐이라고 말합니다.

　　"인생은 그리 길지도 않은데, 그렇게까지 많은 사람에게
　　고통을 주면서 왜 그렇게 자신의 권력을 놓지 않으려고
　　했는지 궁금해."

　　수많은 사람에게 온갖 비난을 받았던 당시 권력자들에게 던지는 질문이었습니다. 인간이 영원히 살 것도 아닌데 그렇게 다른 사람들을 잔인하게 대했어야만 했을까요? 저도 참 궁금합니다.

3-9

11옥사에 증축한 화장실을 다시 철거한 흔적

3-10
징벌방 내부

우리가 기억해야 할 공간

마침내 이룩한
독립과 민주화

1945년, 35년간의 식민 통치가 끝났습니다. 하지만 우리의 힘이 아니라 외부로부터 주어진 독립이었기에 남북 분단이라는 우리 역사 최악의 아픔을 겪어야 했지요. 미국과 소련의 지원을 받아 전쟁까지 치르면서 남한에서 '공산당', '빨갱이'라는 말은 악마라는 말과 같아졌습니다. 정권을 가진 자들은 자신을 반대하는 사람들을 빨갱이, 간첩으로 몰아 제거했어요. 그 과정에서 민주주의는 뒷걸음쳤고 독재 정권은 수십 년간 지속되었습니다. 하지만 독립과 달리 민주화는 국민들이 스스로 이루어 냈습니다.

1987년 전두환은 독재 정권을 지속하기 위해 12·12쿠데타를 함께 일으킨 친구 노태우에게 다음 대통령 자리를 넘겨주고자 했어요. 그래서 군사 독재 정권이 끝나기를 원하는 국민들이 요구한 대통령 직선제를 거부했습니다.

하지만 1987년 1월 14일 '남영동 대공분실'에 연행되었던 서울대 학생 박종철이 물고문과 전기고문을 받다가 죽은 고문치사 사건, 4월 13일 전두환 정권의 군부 독재 정권 연장을 위한 직선제 개헌을 거부하는 4·13호헌조치, 6월 9일 연세대 학생 이한열이 경찰이 쏜 최루탄을 맞고 사망한 사건이 연달아 발생했습니다. 국민들은 더 이상 참을 수 없었습니다. 군부 독재를 끝내고 대통령 직선제를 이루기 위한 6월 민주항쟁이 6월 10일부터 29일까지 20일간 연인원 400~500만 명이 참여하며 거대 규모로 전개되었지요.

이때 수많은 사람이 서울구치소를 포함해 여러 구치소에 수감되었지만 국민들은 계속해서 저항했습니다. 마침내 전두환 정권은 민정당 대표 노태우로 하여금 직선제 개헌과 구속자 석방 등을 약속하는 6·29민주화선언을 발표하게 했지요. 6월 민주항쟁은 우리나라 민주화운동의 열매로, 이후 우리나라에 민주주의가 정착할 수 있게 한 결정적인 사건이었습니다.

부끄러운 역사를
기억하기

서대문형무소는 우리나라 민주화운동의 성지라고 합니다. 우리나라의 민주화를 위해 독재 정권에 반대하던 수많은 민주 운동가가 이곳에 갇혀 온갖 고통을 겪었기 때문이에요.

왜 독재 정권을 반대하고 민주화를 위해 노력했을까요? 독재 정권이 국민을 위한 정부가 아닌, 독재자와 그를 추종하는 일부 사람들의 이익만을 위한 정치를 했기 때문입니다.

독재 정권은 독재자 마음대로 개인의 자유로운 권리를 빼앗고 범죄자로 몰아 죽이는 등 억울한 피해자를 만들어 냅니다. 독재 정권이 지속되는 상황에서는 독재자가 너무 큰 권력을 갖고 그 주변의 소수 인물들이 권력, 부, 지식 등을 독차지합니다.

독재 정치보다 민주 정치가 우월한 가장 중요한 이유가 있어요. 여러 사람이 자신의 능력을 마음껏 발휘하여 행복을 추구할 수 있으며, 인간의 기본적인 권리가 법에 의해 보호받을 수 있다는 점입니다. 다수의 지혜가 소수의 잘못된 판단을 제어할 수 있다는 점도 장점일 것입니다.

지금도 민주 정치가 성숙하지 못한 나라들은 겉으로는 민주주의 정부를 만들었다고 하면서도 실제로는 왕과 다름없는 독재자들이 자기 마음대로 통치하고 있습니다. 우리나라가 경제성장과 더불어 민주화에 성공한 것은 세계적으로 크게 자랑할 만한 일이에요. 경제성장 과정에서 환경 파괴, 빈부 격차, 지역 불균형 등 많은 문제가 생겼지만 대한민국은 이런 문제들을 해결해 가면서 발전하고 있습니다.

마찬가지로 민주화 과정에서 빚어진 온갖 인권 탄압, 거짓된 사건 조작 등의 문제들도 차츰 개선되어 개인의 인권이 보장되어 가며 삶의 질도 나아지고 있지요. 우리나라가 민주화를 이룩한 것은 독재 권력에 맞서 자유와 인권, 진실을 지키려고 노력한 분들이 있었기 때문입니다. 그분들이 온갖 고통을 겪었던 서대문형무소역사관이 그래서 중요합니다.

부끄러운 역사를 굳이 기억해야 할까요? 당연합니다. 떳떳하지 못한 역사가 다시는 되풀이되지 않기 위해 기억하는 것이지요.

과거 권력자들의 잘못과 그들의 지시를 받아 인권 탄압에 앞장섰던 사람들의 행동은 참으로 부끄럽지만 동시에 그런 탄압에도 민주화운동을 실천한 분들의 용기에는 박수를 보내게 됩니다. 다시는 이 땅에 특정인의 이익을 위해 무고한 국민들이 희생되는 일이 없도록, 민주화 과정에서 벌어진 부끄러운 역사를 잊지 말아야 할 것입니다.

인권의 소중함을
생각하며

서대문형무소역사관에서 해설을 할 때면 가끔은 가슴이 먹먹해집니다. 일제강점기와 독재 정권 시절의 온갖 만행에서 비켜나 살았기에 너무나 다행이라는 생각과 함께 죄송한 마음이 들기도 합니다.

좁은 감방 안에서 얼마나 힘들고 괴로웠을까요? 온갖 고문이 있을 것임을 알고도 석방되면 다시 독립운동과 민주화운동을 했던 그분들의 의지는 과연 무엇이었을까요? 독립운동가와 민주화운동가 들의 희생이 있기에 오늘의 독립된 나라와 민주화된 사회가 있는 것인데, 우리는 과연 그분들을 제대로 기억하고 감사하고 있는 것일까요?

정치적 욕심 때문에 무고한 사람들을 극악한 범죄자로 조작해 감옥에 가두고 고문하고, 고문한 사실이 두려워 몰래 사람을 죽이고 시신까지 훼손했던 일들을 돌아보면 정말 가슴이 아픕니다.

서대문형무소역사관은 일제강점기 시절 우리 역사의 어두운

215

서대문형무소역사관 추모기념비

기억을 간직한 곳이고, 해방 이후에도 수십 년간 인권 침해가 일어난 슬픈 공간이에요. 자랑스러운 역사를 간직한 곳은 아니지만 어떤 역사적 현장 못지않게 오늘을 사는 우리들이 기억해야 할 장소입니다. 또 많은 것을 생각하게 만드는 곳입니다.

서대문형무소에서 고난을 겪었던 분들은 결코 우리와 무관한 사람들이 아니에요. 나의 가족, 친구, 이웃이 서대문형무소에서 소중한 인권을 유린당했습니다. 우리의 후손들이 다시는 억울한 일을 당하지 않기를 바라기에 우리는 이곳을 기억해야 합니다. 모두가 소중한 사람이라는 사실을 생각하고 상대를 함부로 대하지 않았으면 좋겠습니다. 그래야 자신도 다른 사람에게 존중받을 수 있을 테니까요.

세계유산이 되기를
바라는 이유

세계유산은 1972년 유네스코가 채택한 '세계 문화 및 자연유산 보호 협약'을 근거로 전 인류가 함께 보호하고 후세대에 물려주어야 할 중요한 유산을 말해요. 세계유산이 되려면 꼭 필요한 것이 있습니다. 바로 '탁월한 보편적 가치'입니다. 우리나라에는 현재 15곳이 세계유산으로 등재되어 있습니다. 또한 한양도성, 비무장지대DMZ 등을 세계유산으로 등재하려고 추진하고 있어요.

2015년 10월 31일 서울 서대문형무소역사관은 중국 뤼순 일아감옥구지박물관과 함께 유네스코 세계유산 등재를 위해 노력하기로 했습니다. 하지만 서대문형무소는 현재 유네스코 세계유산 잠정목록에서도 빠져 있습니다. 1987년 서울구치소가 의왕구치소로 이전하면서 원래 모습을 상당 부분 파괴했기 때문이에요. 그래서 지금은 서대문형무소를 세계유산에 등재하려는 구체적인 움직임은 보이지 않고 있습니다.

그렇다면 왜 서대문형무소가 세계유산으로 등재되어야 할까요? 세계기구인 유네스코가 인정하는 세계유산이 되면 세계 각지에서 관광객이 몰려올 것이고, 우리나라가 세계유산을 다수 보유한 나라라는 명예가 생기겠지요. 하지만 이러한 이유 때문에 서대문형무소가 세계유산이 되었으면 하는 것은 아닙니다. 일제의 잔악상을 고발하거나 독재 정권의 인권 탄압을 비난하기 위함도 결코 아닙니다.

독일인들은 자신들이 저질렀던 유태인 학살이라는 어두운 과거를 간직한 아우슈비츠 비르케나우 강제 수용소를 세계유산으로 등재시켰습니다. 과거의 잘못을 철저하게 반성하고, 다시는 강제 수용소의 아픔을 되풀이하지 않겠다는 강한 의지를 보여 준 것이지요.

마찬가지로 우리나라도 서대문형무소를 세계유산으로 등재시키면 좋겠습니다. 사람들이 인권과 자유의 소중함을 깨닫고 다시는 제국주의와 독재 정권의 잘못을 되풀이하지 않겠다는 의지를 적극적으로 보여 주어야 합니다. 서대문형무소는 인류가 반드시 배우고 기억해야 할 사실들을 간직한 중요한 공간이니까요. 그렇기 때문에 세계유산으로 등재되기를 바라는 것뿐입니다.

세계유산이 되지 않더라도 더 많은 사람이 이곳을 기억하고, 미래에는 더 좋은 세상을 만들겠다는 의지를 품게 되기를 바랍니다.

도움이 된 글

단행본

국가보훈처, 《독립유공자 공훈록》 1, 1971년

김광섭, 《나의 옥중기》, 창비, 1978년

김구 저, 도진순 탈초, 교감, 《정본(定本) 백범일지》, 돌베개, 2016년

김상숙 외, 《한국 현대사와 국가폭력》, 푸른역사, 2019년

김자동, 《상하이 일기: 임정의 품안에서》, 두꺼비, 2012년

김정인, 《독립을 꿈꾸는 민주주의》, 책과함께, 2017년

리영희, 나명순, 《서대문 형무소》, 열화당, 2008년

박경목, 《식민지 근대감옥 서대문형무소》, 일빛, 2019년

박태균, 정창현, 《암살: 왜곡된 현대사의 서막》, 역사인, 2016년

법무부 교정본부, 《2020 교정통계연보》, 2020년

심재우, 《네 죄를 고하여라: 법률과 형벌로 읽는 조선》, 산처럼, 2011년

야마카와 슈헤이 저, 김정훈 옮김, 《인간의 보루: 조선여자근로정신대 유족과의 교류》,

    소명출판, 2020년

양수정, 《하늘을 보고 땅을 보고》, 휘문출판사, 1965년

양우조, 최선화, 《제시의 일기: 어느 독립운동가 부부의 육아일기》, 우리나비, 2019년

이기형, 《여운형 평전》, 실천문학사, 2000년

이소가야 스에지 저, 김계일 역, 《우리 청춘의 조선》, 사계절, 1988년

이은영, 《한국 독립운동과 암호》, 민속원, 2017년

이재석, 이세중, 강민아, 《밀정, 우리 안의 적》, 지식너머, 2020년

잭 자페 저, 한영선 옮김, 《어느 날 당신이 눈을 뜬 곳이 교도소라면》, 푸른나무, 2012년

조선희, 《세 여자: 20세기의 봄》 1, 2, 한겨레출판, 2017년

논문

권은, 「일본인 작가가 재현한 식민지 조선의 감옥」 〈서강인문논총〉 52, 2018년

김기영, 「서대문형무소와 옛 전남도청의 훼손과 복원이 준 교훈」 〈민주평화연구〉 1-2, 2018년

김용달, 「3·1운동기 서대문형무소 학생 수감자의 역할과 행형」 〈한국학논총〉 30, 2008년

김판임, 「여성독립운동가 권애라 열사의 생애와 애국활동에 관한 소고」 〈신학연구〉 75, 2019년

김향기, 「'제도화', '합법화'된 폭력 '식민지 감옥'」 〈독립운동사연구〉 75, 2021년

문영주, 「서대문형무소역사관을 돌아보고」 〈내일을 여는 역사〉 3호, 200년

박경목, 「1930년대 서대문형무소의 일상」 〈한국근현대사연구〉 66, 2013년

박경목, 「일제강점기 서대문형무소 수감자 현황과 특징」 〈한국근현대사연구〉 78, 2016년

박경목, 「일제강점기 서대문형무소 여수감자 현황과 특징」 〈한국근현대사연구〉 68, 2014년

박경목, 「일제강점기 서대문형무소 연구」 충남대학교 박사학위 논문, 2015년

박양식, 「기독교 민주 인사의 70년대 감옥 기억」 〈현상과 인식〉 34-3, 2010년

백수연, 「식민지 감옥 체험의 문학적 형상화 연구」 서강대학교 석사학위 논문, 2012년

변창구, 「만해 한용운의 구국투쟁에 관한 연구」 〈민족사상〉 5권 4호, 2011년

양병일, 「서대문형무소의 상징 읽기」 〈사회과교육〉 45-4, 2006년

양성숙, 「105인 사건과 서대문형무소 연구」 〈민족사상〉 3-1, 2009년

양성숙, 「3·1운동기 서대문형무소 투옥실태」 〈민족사상〉 2-2, 2008년

양성숙, 「일제하 서대문형무소연구」 성신여자대학교 박사학위 논문, 2006년

양성숙, 「의병투쟁과 서대문형무소」 〈의암학연구〉 5, 2008년

이승윤, 「1908~9145년 서대문형무소 사형 집행의 실제와 성격」 〈서울과 역사〉 108, 2021년

이종민, 「가벼운 범죄, 무거운 처벌-1910년대의 즉결처분 대상을 중심으로」, 〈사회와 역사〉 107, 2015년

이종민, 「식민지하 근대감옥을 통한 통제 메카니즘 연구」, 연세대학교 박사학위 논문, 1998년

이종민, 「일제의 수인 노동력 운영 실태와 통제 전략」, 〈한국학보〉 26권 1호, 2000년

이종민, 「1910년대 경성 주민들의 죄와 벌-경범죄 통제를 중심으로」, 〈서울학연구〉 17, 2001년

이종민, 「태평양전쟁 말기의 수인(囚人) 동원 연구(1943~1945)」, 〈한일민족문제연구〉 33권, 2017년

이현희, 「임시정부 수립 이후의 독립투쟁과 서대문형무소」, 〈백산학보〉 70, 2004년

이현희, 「허위의 의병투쟁과 서대문형무소」, 〈한국민족운동사연구〉 29, 2001년

임형진, 「묵암 이종일과 3·1운동」, 〈민족학연구〉 8권, 2009년

전병무, 「일제강점기 사형제도의 운영과 실태: 통계자료와 사형집행을 중심으로」, 〈역사연구〉 40집, 2021년

전영욱, 「식민지시기 서대문형무소 주변의 옥바라지」, 〈도시연구〉 16, 2016년

정경환, 「서대문형무소와 백범의 옥중투쟁」, 〈한국세계지역논총〉 19, 2002년

최우석, 「매일신보가 그려낸 1919년 감옥의 풍경」, 〈서울과 역사〉 80, 2012년

최정기, 「해방 이후 한국전쟁까지의 형무소 실태 연구」, 〈제노사이드 연구〉 2, 2007년

신문·방송

〈시사저널〉, '한국 교도소의 '인권 창살'', 1995년 5월 11일 자

〈중앙선데이〉, '일제 헌병은 저승사자, 한반도는 공포의 제국', 2011년 9월 11일 자

〈중앙일보〉, '10억 주면 교도소 다녀올래? 질문에 … 대학생 51% "네"', 2018년 4월 25일 자

〈KBS〉, '옥바라지, 그녀들의 독립운동', 2021년 8월 15일 방영

〈중앙일보〉, 권영준, '형정반세기(刑政半世紀)', 1971년 9월 15일~1971년 10월 3일 자

사진 출처

6-7쪽 서대문형무소역사관

8쪽 1920년대 서대문형무소: 서울역사아카이브

8쪽 의열단: 위키백과 '의열단'

10쪽 6·3 시위: 한국정책방송원[공공누리]

10쪽 10·26 사건: 민주화운동기념사업회

11쪽 6월 민주 항쟁: 서울역사아카이브

1-1 아래, 1-4, 1-25, 1-26, 2-1, 2-2, 2-15, 2-16, 2-17

    : 서대문형무소역사관[공공누리]

1-6, 1-14, 1-16, 1-20, 2-6: 국사편찬위원회

1-24: 문화재청

216쪽 서대문형무소역사관 추모기념비: 대한민국역사박물관 현대사아카이브

서대문형무소 도슨트
청소년을 위한 근현대사 수업

초판 1쇄   2023년 2월 24일
초판 2쇄   2024년 5월 20일

지은이   문재옥

펴낸이   김한청
기획편집   원경은 양선화 차언조 양희우 유자영
마케팅   정원식 이진범
디자인   이성아
운영   설채린

펴낸곳 도서출판 다른
출판등록 2004년 9월 2일 제2013-000194호
주소 서울시 마포구 동교로 27길 3-10 희경빌딩 4층
전화 02-3143-6478   **팩스** 02-3143-6479   **이메일** khc15968@hanmail.net
블로그 blog.naver.com/darun_pub   **인스타그램** @darunpublishers

ISBN 979-11-5633-527-6 43910

다른 생각이
다른 세상을 만듭니다

다른 포스트

뉴스레터 구독